Diederichs Kabinett

بود
یکی
نبود

Persische Märchen Miniaturen

Erzählt von Maschdi Galin Chanom
Niedergeschrieben von L. P. Elwell-Sutton

Herausgegeben und übersetzt von
Ulrich Marzolph

Eugen Diederichs Verlag

Mit 9 Illustrationen aus persischen Volksbüchern
und einem Frontispiz
Umschlagbild: Miniatur zum »Papageienbuch« (Ṭuṭi-Nāme)

Erste Auflage

Umschlaggestaltung: Antje Ketteler
Satz: Lichtsatz Heinrich Fanslau, Düsseldorf
Druck und Bindung: May & Co., Darmstadt
ISBN 3-424-00840-0

Inhalt

Nicolai, André und
den Großeltern

Einführung

Märchenhaftes Persien – wenn sich auch angesichts der politischen Ereignisse jüngster Zeit andere Assoziationen in den Vordergrund drängen, war es doch lange Zeit dieses Wortpaar, das unser Bild von Persien prägte: Persien als Land einer prunkvollen Herrschaft mit jahrtausendealter Tradition, als Land eines sagenhaften, verschwenderischen Reichtums, kurz als Land, in dem die Märchen spielten, die anderswo erzählt wurden.

Aber natürlich haben auch die Bewohner dieses »Märchenlandes« ihre eigenen Märchen. Sie werden nicht etwa nur dem Schah von seinem Hoferzähler vorgetragen, nein, es sind Märchen, die sich die einfachen Leute erzählen. Sie schauen ebenso scheu und staunend wie wir aus der Ferne empor zu den Helden und Märchenprinzen des eigenen Landes. Und einer alten Frau aus ihrer Mitte verdanken wir die hier vorgelegte Sammlung, deren Entstehungsgeschichte selbst märchenhaft klingt[1].

Laurence Paul Elwell-Sutton nämlich, der Sammler, kam im Jahre 1943 im offiziellen Auftrag seiner Regierung nach Iran; nicht um Märchen zu sammeln, sondern um im Kriegsnebenschauplatz Persien, seit 1941 von britischen und russischen Truppen okkupiert, eine »Stimme Großbritanniens« als Unterabteilung des Teheraner Rundfunkes zu organisieren. Es bedurfte schon einer bemerkenswert aufgeschlossenen und vielseitigen Persönlichkeit, dieser Aufgabe gerecht zu werden und gleichzeitig noch Interesse zu bewahren für die Menschen des besetzten Landes und ihre volkstümlichen Erzählungen. Jedoch – der junge Mann, jetzt gerade Anfang dreißig, sah Persien nicht zum ersten Mal. Mehrere Jahre zuvor hatte er das Land bereits, damals als Angestellter einer der großen britischen Ölgesellschaften, kennengelernt – und mehr noch: Er hatte den Grundstein gelegt für eine liebevolle und enthusiastische Beschäftigung mit einer faszinierenden Kultur, die ihn den Rest seines Lebens fesseln sollte und ihm unter anderem sogar – damals sicherlich noch nicht vorausgeahnt – eine akademische Karriere als Orientalist bescherte.

Kurz nach seiner Ankunft schloß der junge Brite Bekanntschaft mit einem persischen Journalisten, der später zu seinen engen Freunden zählte, Ali Dschawaher Kalam. Bei einer Einladung in dessen Haus lernte er die alte Frau kennen, der wir unsere Märchen verdanken: Maschdi Galin Chanom. Er selbst schildert die erste Begegnung mit ihr so: »Als sie merkte, daß ich von Natur aus ziemlich wortkarg war, erzählte sie die persische Fassung des bekannten Märchens von der ›Schweige-Wette‹ (hier Nr. 18). Später stellte sich dann heraus, daß Maschdi Galin Chanom, obwohl sie weder lesen noch schreiben konnte, ein unerschöpfliches Reservoir an Volkserzählungen besaß, die zu jeder Stimmung oder Gelegenheit paßten.« Maschdi Galin Chanom war damals um die siebzig Jahre alt. Ganz genau kannte sie selber das Jahr ihrer Geburt nicht – durchaus nichts Außergewöhnliches, denn auch heute noch wird im islamischen Orient dem Geburtsjahr oft nur untergeordnete Wichtigkeit beigemessen. Sie stammte aus dem Teheraner Süden und lebte dort nach wie vor. Und wer Teheran kennt, der weiß, daß kaum eine andere Metropole ein so krasses und typisches Nord-Süd-Gefälle aufweist: Im höher gelegenen Norden der Stadt, dem Gipfel des mit ewigem Schnee bedeckten Damawand zu, liegen die Viertel der »besseren« Schichten; im Süden, der Ebene zu, wo es im Sommer drückend schwül und stickig ist, liegen die Marktquartiere der Kaufleute, und je weiter südlich man geht, desto ärmer werden die Wohnstätten. Hier, im Viertel der einfachen Bevölkerung, hatte Maschdi Galin Chanom die meiste Zeit ihres Lebens verbracht, und hierher stammen ihre Geschichten: Märchen, wie jeder sie kennt und jeder versteht.

Zeit ihres Lebens hatte Maschdi Galin Chanom Teheran nur selten verlassen. Besuche und Pilgerfahrten, wie sie zur Pflicht eines frommen Muslims gehören, hatten sie in Städte geführt wie Nadschaf, Kerbela, Maschhad und andere heilige Orte des schiitischen Islams in Iran oder im Irak. Sie hatte sich ihren Lebensunterhalt als Kindermädchen bei den wohlhabenden Familien der Nordstadt verdient, war jetzt aber zu alt, um weiter zu arbeiten. Nach wie vor war sie häufiger und gern gesehener Gast in den bekannten Familien, um so mehr, als sie der wohlverdiente Ruf umgab, eine vorzügliche und unterhaltsame Geschichtenerzählerin zu sein. Sie selbst behauptete einmal, sie könne ein ganzes Jahr lang Märchen erzählen, ohne sich zu wiederholen, und es gibt keinen Grund, daran zu zweifeln. Der junge Brite, der ihr enthusiastischer Zuhörer wurde, schätzte den Umfang ihres Märchenschatzes schließlich auf über eintausend Texte.

Der Sammler traf sich von nun an in regelmäßigen Abständen im Haus seiner Freunde mit Maschdi Galin Chanom, meist am Wochenende. Dort ließ er sich von ihr Märchen erzählen, die er aufzeichnete. Man muß dabei bedenken, daß ihm natürlich damals weder Tonbandgerät noch Kassettenrecorder hierfür zur Verfügung standen, so daß jedes Wort von Hand mitgeschrieben werden mußte. Und so sind die Texte der Märchen, wie sie heute dem Übersetzer vorliegen, Dokumente einer engagierten Sammlung persischer Volksliteratur. Der Sammler schrieb sie Wort für Wort nieder, wie er sie hörte, in der Maschdi Galin geläufigen Teheraner Umgangssprache. Zwar kommt die arabische Schrift, derer sich das Persische bedient, einem raschen Niederschreiben insofern entgegen, als kurze Vokale im Schriftbild nicht gekennzeichnet werden; dennoch zeugen die handschriftlichen Aufzeichnungen des Sammlers, die ganz erstaunlich korrekt und flüssig, ja von denen eines Einheimischen kaum zu unterscheiden sind, von einer bewundernswerten Beherrschung der Sprache für einen Ausländer, der sich Sprache und Schrift ja erst mühevoll aneignen mußte.

Schon das Schreibmaterial ist Dokument – wenn auch einer ganz unmärchenhaften Zeit: Meist wurde mit blassem, stumpfem Bleistift geschrieben, oft auf vergilbtem Papier, kaum mehr leserlich, auf säuberlich zusammengehefteten Stücken und Streifen Papier von unterschiedlichem Format und verschiedenartigster Herkunft. Schreibmaterial war knapp – es war Krieg – und so mußte jemand, der viel Papier brauchte, jede Quelle nutzen. Meist stehen die Märchen auf der Rückseite von einseitig bedruckten Schriftstücken mehr oder minder politischen Inhalts: Telegrammformularen der iranischen Post, Programmankündigungen und Inhaltsübersichten einzelner Beiträge der British Broadcasting Corporation; seltener auf unbedrucktem Schreib- oder blauem Luftpostpapier, häufig auf den Rückseiten säuberlich zerschnittener Plakate, deren propagandistisch aufgemachten Illustrationen und Text man ihre ehemalige traurige Rolle entnehmen kann.

Vier Jahre lang, bis er 1947 das Land wieder verließ, schrieb der Sammler so die Märchen von Maschdi Galin Chanom, die 1948 starb, nieder – insgesamt 117 Stücke. Diese Aufzeichnungen sind neben den – inhaltlich anders gewichteten – Texten, die die beiden Iranisten Arthur Christensen und Henri Massé gut zwei Jahrzehnte früher veröffentlicht hatten[2], für Persien der einzige, wenn auch unvollständig gebliebene Versuch, das gesamte Repertoire eines Erzählers zu erfassen und in seiner Gesamtheit der Nachwelt als Dokument zu erhalten. Der Erzählerin und dem Sammler schulden wir hierfür Dank, um so mehr, als auch in Iran direkt erlebtes Erzählen und die hierzu befähigten Personen immer mehr der Vergangenheit angehören und wohl auch dort bald ganz verschwunden sein werden.

Von dieser großartigen Sammlung wird hier dem Liebhaber orientalischer Märchen, dem Märchenfreund überhaupt, eine kleine repräsentative Auswahl von 20 Texten vorgestellt. Die Übersetzung aus dem Persischen bemüht sich, den in seiner schlichten Ausdrucksweise anmutigen Stil der Erzählerin möglichst unverfälscht zu erhalten. Eingriffe jeglicher Art in die Textgestalt wurden daher auf ein Minimum beschränkt.

Persische Märchen sind es, die hier vorgetragen werden, erzählt von einer alten persischen Frau, die überraschend unberührt war von der westlichen Welt; deren gesamtes Wissen fast völlig auf unmittelbarer mündlicher Überlieferung beruhte, wenig beeinflußt von schriftlichen Quellen: selbst Schah Abbas, der dem Harun ar-Raschid aus Tausendundeiner Nacht an Glanz ebenbürtige Safawidenkönig, schien ihr noch ganz gegenwärtig, war sie doch selbst zu einer Zeit geboren, in der das Königtum durch die Dynastie der Qadscharen noch machtvoll repräsentiert wurde.

Sicher, eindeutig persische Märchen sind es, die uns hier erzählt werden – und doch: kommen sie uns nicht bekannt vor?
Es sind zum Großteil Erzählungen, die auf ihrer langen Wanderung über die Kontinente, sei es von Indien oder gar China nach Westen, sei es vom arabischen Raum in die Gebiete des islamischen Ostens, Station machten in Persien. Ebenso wie die Händler und Kaufleute auf ihrer langen Reise von Ost nach West und umgekehrt auf der Seidenstraße seit den Zeiten der Antike Persien durchquerten, verweilten die mit ihnen reisenden Erzählungen und Märchen im Lande, wo sie sich mit einheimischen, alten iranischen Vorstellungen vermischten. Von dort kamen sie auch zu uns, so daß die Märchen der Perser uns heute seltsam vertraut sind in ihren Inhalten, fremdartig nur in dem orientalischen Gewand, das sie sich übergelegt haben. Und eben darin liegt ihr Reiz.
Der typische Held des persischen Märchens, sofern er nicht als Sohn des Königs geboren wurde, ist ein einfacher Bursche, Kind oft armer Leute. Mit den materiellen Gaben dieser Welt ist er nicht gesegnet, im Gegenteil: oft ist er noch nicht einmal schön, hat er doch durch eine Erkrankung der Kopfhaut bedingt eine Glatze. Aber gerade aus dieser Unbill des Schicksals erwächst seine Kraft. Statt sich zu fügen und sein Los duldsam zu ertragen, setzt er seinen Verstand gerissen ein – wie in der Geschichte von den teuflischen Streichen des Kahlkopfes. Und trotz aller List und Tücke, die er anwendet, bleibt er ein sympathischer Held, da er aus der Auseinandersetzung mit einem übermächtig erscheinenden Schicksalsgegner schließlich als Sieger hervorgeht.
Dem Held, sei es Kahlkopf oder Prinz, steht oft ein Helfer zur Seite. Häufig ist dies ein Derwisch, ein Bettelmönch,

wie sie auch heute noch in Persien von Stadt zu Stadt umherziehen in ihrem Flickengewand, mit einer Bettelschale in der Hand, und sich durch das Vortragen frommer Gesänge und Gebete notdürftig ihren Lebensunterhalt verdienen. Dieser Derwisch steht Gott durch seine Frömmigkeit und bedingungslose Ergebenheit so nahe, daß ihm erlaubt ist, Wunder zu vollbringen: und am wichtigsten ist sicherlich das Wunder, dem kinderlosen alten König und seiner Frau durch einen schwängernden, da gesegneten Apfel zu einem (männlichen) Nachkommen zu verhelfen. Diese Tatsache war ja gerade in einer so alten Monarchie wie Persien für den Fortbestand der Dynastie von zentraler Bedeutung.

Der klassische Gegner des auf der Suche nach seiner Schönen ausgezogenen Helden ist der Div, die typisch iranische böse Dämonengestalt, wie ihn uns die volkstümlichen Illustrationen vor Augen führen. Dieser Div hat zwar übermenschliche Kräfte und ist anscheinend unbesiegbar, gleichzeitig aber wird ihm seine blinde Liebe zu einem Menschenmädchen zum Verhängnis: Ihr zuliebe verrät er sogar das Geheimnis seiner Seele, die sich außerhalb des Körpers in einer Flasche in einem raffinierten Versteck befindet. So kann der Held davon erfahren und den Div vernichten, indem er die Seelenflasche zerstört.

Div und Derwisch werden beim Lesen der Märchen schnell vertraut, ebenso wie der zunächst fremde Begriff des Tuman, der auch heute noch als Zähleinheit geläufigen früheren persischen Währung. Und lassen wir diese fremden Begriffe einmal beiseite und übertragen sie in uns bekannte Termini – haben wir dann diese Märchen nicht schon einmal gehört, klingen sie unseren Ohren und unserem Gefühl nicht vertrauter, als wir es von »orientalischen« Märchen erwartet hätten? In der Tat: Aus den

Märchen erschließt sich wieder einmal unsere enge Verwandtschaft mit dem Orient. Sie, die zu den Resten alten überlieferten Kulturgutes der Menschheit gehören, dokumentieren einmal mehr unsere gemeinsamen Ursprünge, unsere alte Verbundenheit mit einem heute scheinbar so fremden Volk, das wir nicht zu verstehen scheinen: Und ihre Märchen sind wie die unseren.
Doch nun genug der Einführung. Lassen wir die Märchen selbst sprechen, hören wir ihnen zu, und lauschen wir den Erzählungen der Maschdi Galin Chanom ...

1 *Elwell-Sutton, L. P.:* »A Narrator of Tales from Teheran.« In: Arv. Scandinavian Yearbook of Folklore 36 (1980), 201-208; ders.: »Collecting Folktales in Iran.« In: Folklore 93 (1982), 98-104.
Dem Sammler, der 1984 nur wenige Monate vor Vollendung dieses Buches starb, sei an dieser Stelle postum nochmals aufrichtiger Dank ausgesprochen für die großzügige und selbstlose Art, in der er seine kostbaren Aufzeichnungen dem Übersetzer zur Verfügung stellte.

2 *Christensen, A.:* Contes persans en langue populaire, publiés avec une traduction et des notes. Kopenhagen 1918; s. auch ders.: Persische Märchen. Düsseldorf, Köln 1958; Massé, H.: »Contes en persan populaire, recueillis et traduits.« In: Journal Asiatique 206 (1925), 71-125.

Die Suche nach dem stärksten Wesen

Es war einmal ein Spatz, der flog zum Eis, um etwas Wasser zu trinken. Das Eis aber schnitt in seinen Fuß, so daß es blutete. Da sagte der Spatz: »Wie stark bist du Eis doch, daß du mir in meinen Fuß schneiden kannst!« – »Wenn ich wirklich stark wäre«, erwiderte das Eis, »dann könnte mich die Sonne nicht schmelzen.« Da flog der Spatz zur Sonne und rief: »Du Sonne, wie stark bist du doch, daß du das Eis schmelzen kannst.« – »Wenn ich wirklich stark wäre«, erwiderte die Sonne, »dann könnte sich mir der Berg nicht in den Weg stellen.« Da flog der Spatz zum Berg und rief: »Du Berg, wie stark bist du doch, daß du dich der Sonne in den Weg stellen kannst!« – »Wenn ich wirklich stark wäre«, erwiderte der Berg, »dann könnte das Gras nicht auf meinem Kopf wachsen.« Da flog der Spatz zum Gras und rief: »Du Gras, wie stark bist du doch, daß du den steinigen Berg begrünen kannst!« – »Du Spatz«, erwiderte das Gras, »was habe ich denn schon für eine Kraft. Wenn ich wirklich stark wäre, dann könnte mich die Ziege nicht fressen.« Da flog der Spatz zur Ziege und rief: »Du Ziege, wie stark bist du doch, daß du das Gras, was auf dem Berg wächst, fressen kannst!« – »Du Spatz«, erwiderte die Ziege, »was ist denn schon meine Kraft. Wenn ich wirklich stark wäre, dann könnte der Fleischer mir nicht den Kopf abschlagen.« Da flog der Spatz zum Fleischer und rief: »Du Fleischer, wieviel Kraft hast du doch! Du bist der Stärkste von allen, daß du sogar der Ziege den Kopf abschlagen kannst!« – »Du Spatz«, erwiderte der Fleischer, »was ist denn schon meine Macht. Wenn ich wirklich mächtig wäre, dann könnte mir die Katze nicht das Fleisch stehlen.« Also flog der Spatz zur Katze und rief: »Du Katze, wie mächtig bist du doch!« Und die Katze antwortete: »Ich habe Kraft und ich habe kleine Kinder. Mit meinen Krallen fange ich die Mäuse. Ich esse und bringe ihnen das Essen. Sieben Mäuse für sieben Kinder!«

Wunderbare Fügung

Einer war, einer war nicht. Es war einmal ein Kaufmann, der besaß sieben Schatzkisten mit Gold. Bei ihm gab es aber immer nur Brot und Käse und Gemüse zu essen, und obwohl er bei einem Fest in den Häusern der anderen gut essen konnte, gab es in seinem eigenen Haus nur einmal im ganzen Jahr Reis. Wenn seine Frau ihn fragte: »Lieber Mann! Dürfen wir denn wirklich nur jedes Jahr einmal Reis essen?«, dann gab er zur Antwort: »Ja, Frau! Nur einmal von diesem Neujahr bis zum nächsten.« Die Frau aber klagte weiter: »Und wieso essen dann andere Leute zweimal oder doch wenigstens einmal in der Woche Reis? Selbst die Armen essen mindestens einmal in der Woche, in der Nacht zum Freitag, Reis!« – »Was gehen mich die anderen an«, erwiderte der Mann. Und die Frau rief weiter: »Wer soll dann dein ganzes Geld verbrauchen? Kinder hast du ja keine, und wenn du stirbst, wird die Regierung alles an sich nehmen. Dann verbrauche doch wenigstens ein bißchen für dich, solange du noch am Leben

bist!« Er aber entgegnete nur: »Ich habe hier Brot, Käse und Gemüse. Einmal im Jahr habe ich Reis: Wenn du willst, dann bleib, wenn du nicht willst, dann geh!«
Einmal nun war der Mann ausgegangen, um etwas einzukaufen, aber er hatte nicht genug Geld. So ging er also in die Schatzkammer, um aus der ersten Schatztruhe etwas Geld zu entnehmen, als er plötzlich eine Stimme hörte: »Rühr mich nicht an! Ich gehöre Ali, dem Schreiner!« Er ging zur zweiten Schatztruhe, aber bis zur siebten Truhe hörte er jedesmal die gleiche Stimme: »Rühr mich nicht an! Ich gehöre Ali, dem Schreiner!« Da rief er: »Beim Grabe des Vaters von Ali, dem Schreiner! Wer ist denn dieser Schreiner Ali überhaupt? Hundert Jahre lang habe ich hart gearbeitet, habe nur Brot und Käse und Gemüse gegessen, um all dieses Geld zusammenzutragen. Und jetzt soll es Ali, dem Schreiner, gehören?«
Er machte seinen Einkauf nicht, sondern ließ seine Arbeit halbfertig liegen und kaufte einen dicken, starken Platanenstamm. Dann holte er einen Drechsler und sagte zu ihm: »Höhle das Innere dieses Baumstammes für mich aus!« – »Das macht viel Arbeit«, erwiderte der Drechsler, »dafür nehme ich hundert Tuman.« –»Das ist schon gut«, antwortete er, und als der Drechsler den Baumstamm ausgehöhlt hatte, holte er sein Gold und warf es alles dort hinein. Die beiden offenen Enden des Stammes versiegelte er mit Teer. Dann holte er einen Wagen und einen Träger. Er ließ den Stamm auf den Wagen heben und brachte ihn an den Strand. Dort gab er ihm einen Stoß, so daß er ins Wasser rollte. Dabei rief er: »Jetzt soll doch der Schreiner Ali kommen und sich sein Geld holen! Von mir aus kann er sich von meinem Hintern etwas holen!«
Als er aber wieder zu Hause war, setzte er sich und verfiel in Gedanken: »Alter, bist du denn verrückt geworden?

Hat dich denn ganz dein Verstand verlassen? Gut und schön, du hast eine Stimme gehört, aber warum hast du nicht gesagt, daß dein eigener Anteil auch dabei sei? Niemand ist bisher gekommen, um es dir abzunehmen. Was war das nur für ein Benehmen, daß du das Geld genommen und es ins Meer geworfen hast?« Eine ganze Woche lang saß er so in seinem Haus und dachte nach. Dann plötzlich stand er auf und ging in die Wüste.
Aber lassen wir ihn einmal alleine und schauen nach dem Baumstamm. Weil der Stamm sehr schwer war, trieb er nicht oben auf dem Wasser. Nur ein Stückchen schaute oben aus dem Wasser heraus, der Rest war unter Wasser. So wurde er von den Wellen getrieben, bis er zu den Wassern des Nil gelangte. Dorthin war gerade ein Fischer gekommen, um sein Netz auszuwerfen und Fische zu fangen. Der Haken des Netzes blieb an dem Stamm hängen, und als der Fischer merkte, wie schwer das Netz war, rief er: »Gott, was hast du uns heute für einen Fang beschert?« Da der Stamm zum Teil im Wasser war, war er ein bißchen leichter, und so gelang es dem Fischer unter Aufbietung aller Kraft und Mühe, ihn an Land zu ziehen. Dort ließ er ihn dann liegen und ging in die Stadt zu einem Schreiner, zu dem er sagte: »Ich habe einen Baumstamm zu verkaufen.« Einige Schreiner kamen und betrachteten den Stamm. Aber auf die Frage, wie teuer er sei, antwortete der Fischer immer: »Einhundert Tuman.« So sagten alle: »Nein, dafür wollen wir ihn nicht.«
Schließlich kam der Schreiner Ali und sagte: »In Gottes Namen, nimm diese hundert Tuman.« Dann ließ er den Stamm von einem Träger fortschaffen. Er dachte bei sich: »Jetzt ist der Stamm noch feucht, und ich kann ihn nicht schneiden.« So stellte er den Stamm an die Wand im Hof. Ein ganzes Jahr verging nach diesen Ereignissen, da hatte

der Schreiner eines Abends Gäste. Seine Frau kochte gerade das Abendessen, da ging ihr das Brennholz aus. Er sagte: »Das macht nichts, gleich werde ich dir Brennholz besorgen.« Er nahm die Säge und setzte sie an dem Baumstamm an, aber kaum hatte er zwei-, dreimal gesägt, da kam etwas von dem Geld zum Vorschein. »Gott habe meinen Vater selig!« rief er. »Woher kommt das denn?« Sogleich versteckte er das Geld, damit die Gäste es nicht sehen sollten, und brachte das Stück Holz, das er abgesägt hatte, zu seiner Frau. Die Frau sagte: »Gut! Jetzt schneide mir noch ein wenig mehr ab!« und er ging und sägte vom anderen Ende des Stammes ein Stück ab, das er seiner Frau brachte.

Als die Gäste zu Abend gegessen hatten und gegangen waren, stand der Mann auf und ging zu dem Stamm. Er hob den Stamm auf die Seite, da fiel das ganze Geld heraus. Der arme Schreiner hatte aber noch nicht einmal einen Krug, in den er das Geld hätte füllen können. So nahm er einen Sack. Sieben Säcke füllte er voll mit Gold und versteckte sie im Keller. Von diesem Tag an ging es dem Schreiner Ali immer besser, bis er es schließlich so weit brachte, daß er ein Gasthaus eröffnete, in welchem jeder Gast die ersten drei Nächte umsonst wohnen konnte.

Aber lassen wir ihn jetzt wieder alleine und schauen, wie es dem Kaufmann erging. Dieser Arme war ja in die Wüste gelaufen, wo er drei Jahre lang Tag und Nacht umherirrte. Von seiner Frau und seiner Heimat hatte er keinerlei Nachricht, er ernährte sich von den Pflanzen der Wüste, und wenn er in ein Wäldchen kam, aß er von den Beeren dort. So kam er schließlich in die Stadt, in der der Laden des Schreiners Ali direkt hinter dem Stadttor lag. Und da sah er, der drei Jahre lang keine Pfeife, keine Zigarre, keine Wasserpfeife gesehen hatte, den Schreiner Ali an seiner

Wasserpfeife ziehen. Er bat ihn: »Lieber Mann, laßt mich ein wenig von Eurer Wasserpfeife rauchen!« – »Herzlich gerne«, erwiderte der Schreiner Ali. So ließ er sich nieder und rauchte an der Wasserpfeife. Der Schreiner Ali fragte ihn: »Seid Ihr ein Fremder?« – »Ja«, antwortete er, »soeben bin ich in dieser Stadt angekommen.« – »Dann seid Ihr mein Gast!« erwiderte der Schreiner Ali. Dann geleitete er den Mann in das Haus. Zur Essenszeit sah der Mann, wie der Tisch von einem Ende des Zimmers bis zum anderen Ende voll war mit Köstlichkeiten. Er, der drei Jahre lang noch nicht einmal eine Suppe gesehen hatte, sah jetzt mit eigenen Augen Reis und Gemüse und vielerlei andere Köstlichkeiten.

Er setzte sich, um etwas zu essen, aber wie er etwas in seinen Mund tat, um es herunterzuschlucken, merkte er, daß es nicht ging. Er tat es auf diese Seite, er tat es auf die andere Seite, aber so sehr er auch darauf kaute, er konnte es nicht schlucken. Notgedrungen stand er auf und spuckte das Stück Fleisch in eine Ecke des Hofes. Der Hausherr fragte ihn: »Warum eßt Ihr denn nicht?« – »Könnt Ihr etwas für mich tun?« erwiderte er. – »Was soll ich denn tun?« – »Geht nach draußen, borgt etwas Geld und kauft von diesem geborgten Geld für mich etwas zu essen. Wenn Ihr das nicht tun wollt, dann ist es auch nicht weiter schlimm, wenn ich hungrig bin. Drei ganze Jahre habe ich kein anständiges Essen gesehen!« – »Nun gut«, erwiderte der andere, »warum eßt Ihr denn dieses Essen hier nicht, wo es doch so gut ist? Was ist der Grund dafür?« Aber der Mann antwortete: »Geht jetzt erst und borgt etwas Essen, damit ich essen kann. Wenn ich satt bin, werde ich Euch den Grund hierfür sagen.« Und als der Hausherr aufstand, fügte er noch hinzu: »Kauft ja nichts von Eurem eigenen Geld. Denn wenn Ihr es von Eurem eigenen Geld kauft,

wird es nicht meine Kehle hinuntergehen! Es muß unbedingt geborgt sein!« – »Schon gut«, erwiderte der Schreiner und ging zu einer Garküche hinter seinem Laden. Dort sagte er zu dem Koch: »Gib mir eine Portion gebratenes Fleisch. Das Geld dafür will ich dir später bringen!« Er nahm das Fleisch, kehrte zurück und stellte es vor seinen

Gast. Dieser begann zu essen, und als er mit der Mahlzeit fertig war, räumte man den Tisch ab.
Dann fragte der Gastgeber: »Nun, mein Freund! Ihr habt dieses gute Essen nicht gegessen, warum eigentlich? Und warum habt Ihr dann dieses Bratfleisch vom Markt gegessen?« – »Mein Bruder«, antwortete der Mann, »zu der Zeit waren andere Leute bei Tisch, deshalb habe ich nichts dazu gesagt. Aber jetzt sind wir ja alleine: Diese Tafel war von meinem eigenen Geld zubereitet, deshalb ist das Essen nicht meine Kehle hinuntergegangen!« – »Euer Geld«, rief der Schreiner Ali, »woher soll das denn zu uns gekommen sein?« – »Von eurer Stadt bis zu unserer Stadt sind es sicherlich sechs Monate Wegstrecke«, erwiderte der Mann. »Aber jetzt sagt mir die Wahrheit: Habt Ihr nicht einen Baumstamm gekauft, eine Elle dick und drei Ellen lang?« – »Ja, sicher!« – »Und war er nicht oben und unten mit Teer versiegelt?« – »Ja, sicher!« – »Und war darin nicht Geld aus sieben vollen Krügen? Einhundert Jahre meines Lebens lang habe ich nur Brot und Käse und Gemüse gegessen, bis ich all dieses Geld angesammelt hatte. Eines Tages ging ich hin, um etwas von dem Geld zu nehmen, da hörte ich eine Stimme, die mir dasunddas sagte. Also kaufte ich einen Baumstamm, versteckte das Geld darin und warf es ins Meer, damit es nicht dem Schreiner Ali in die Hände falle. Aber was als Schicksal bestimmt ist, kann vom Menschen nicht geplant werden. Da das Geld, von dem dieses Essen gekauft war, mein eigenes Geld war, ging das Essen nicht meine Kehle hinunter. So habe ich verstanden, daß es mein Eigentum war, da es meine Kehle nicht hinunter wollte. Mein Geld aber war für dich vorherbestimmt. Du sollst es verbrauchen!«
Da bedauerte der Schreiner Ali den Mann sehr und sprach: »Mein Bruder, wie lange bist du denn jetzt in der Wüste

gewesen?« – »Drei Jahre lang«, antwortete er. – »Weißt du denn, wie es deiner Frau und deiner Familie geht?« – »Bei Gott«, rief er, »von dir weiß ich jetzt mehr als von meiner eigenen Familie.« – »Gut«, sagte da der Schreiner Ali, »dann werden wir jetzt etwas anderes für dich tun.« – »Was willst du denn tun?« – »Ich werde dir hunderttausend Tuman als Handelskapital leihen. Damit kehre in deine Stadt zurück und verdiene deinen Lebensunterhalt. Aber mache deiner Frau und deinen Kindern weiter keine Schwierigkeiten, solange du lebst. Vielmehr nimm die Segnungen Gottes, wie sie gerade kommen.« Der Kaufmann war einverstanden, und der Schreiner Ali ging zum Laden eines benachbarten Kaufmannes und bat ihn: »Ich benötige einhunderttausend Tuman. Gib sie mir jetzt, und morgen werde ich sie dir zurückgeben. Ich besitze nämlich einen Scheck, der morgen fällig ist.« Sogleich erhielt er das Geld und gab es an den Kaufmann mit den Worten: »So, nun nimm es und ziehe fort!«

Der Kaufmann nahm das Geld an sich, sprach noch ein Dankgebet für den Gastgeber und reiste ab. So kam er nach drei Jahren wieder zurück zu seiner Frau, seinem Haus und seiner Familie. Er öffnete wieder die Tür seines Ladens und ließ sich dort nieder, um seinen Lebensunterhalt zu verdienen. Und als er eines Abends einmal Reis für seine Frau kochte, sagte er zu ihr: »Liebe Frau, ich habe Angst davor, noch einmal Geld zu horten. Der Schreiner Ali war sehr gerecht, er hat mir hunderttausend Tuman gegeben. Aber vielleicht wird das Geld das nächste Mal dem Schmied Husein zufallen, und er wird es mir nicht wiedergeben. So wollen wir also, wie der Schreiner Ali gesagt hat, unser Erworbenes selbst verzehren, solange wir leben!« – Das Mehl fanden wir oben, den Teig fanden wir unten, die Geschichte hat ihr Ende gefunden.

Der Engel des Todes

Es war einmal ein altes Ehepaar, das hatte einen Sohn. Der Vater war Schreiner, der Sohn war Schneider. Eines Tages bat der Sohn seinen Vater um die Erlaubnis, eine Reise nach einem weit entfernten Heiligtum zu unternehmen. Als er nun unterwegs war, traf er einen Derwisch, und die beiden wurden Reisegefährten. Eines Tages ließen sie sich zum Mittagessen nieder, und der Jüngling lud den Derwisch ein, sein Essen mit ihm zu teilen. Der Derwisch lehnte es ab, aber der Jüngling bestand nochmals darauf, so daß der Derwisch schließlich notgedrungen mitaß. Als der Derwisch nach einigen Tagen seinen Weg allein fortsetzen wollte, fragte ihn der Jüngling: »Wie heißt du? Woher kommst du und wohin gehst du?« Der Derwisch erwiderte: »Mein Name ist schrecklich. Wenn ich ihn dir sage, wirst du Angst bekommen.« – »Nein«, entgegnete der Jüngling, »warum sollte ich mich fürchten. Ich werde keine Angst haben, denn ich habe das Salz mit dir geteilt und ich weiß, daß mir von dir kein Unheil zustoßen wird.« Da sprach der Derwisch: »Mein Bruder! Ich bin Azra'il, der Todesengel.« – »Wenn du wirklich Azra'il bist«, meinte da der Jüngling, »sage mir, wann ich denn sterben werde.« – »Dein Tod«, sprach der Derwisch, »wird in deiner Hochzeitsnacht sein.« – »Gut«, meinte der Jüngling, und beide verabschiedeten sich voneinander. Vorher aber bat der Jüngling den Derwisch noch: »Mein Bruder! Bei dem Salz, welches wir zusammen gegessen haben! Wenn du kommst, um meine Seele zu holen, dann zeige dich mir in deiner jetzigen Gestalt.« Dem stimmte der Derwisch zu.

Der Jüngling setzte seine Reise fort. Als er wieder nach Hause kam, wollten seine Eltern ihn verheiraten. Er aber wehrte ab mit den Worten: »Ich will keine Frau.« So ging es eine Weile, bis der Sohn dreißig Jahre alt wurde. Da sprach sein Vater zu ihm: »Mein Söhnchen! Mittlerweile ist mein Bart weiß geworden. Ich würde dich gerne als Bräutigam sehen!« Der Sohn aber erwiderte: »Mein Vater! Wünsche dir nicht, mich als Bräutigam zu sehen; denn wenn ich heiraten sollte, werde ich in der Hochzeitsnacht sterben.« Hierauf erzählte er ihm sein Erlebnis mit Azra'il. Der Vater aber warf ein: »Was sind das für Worte! Was erzählst du mir denn da! Erstens einmal kann man Azra'il nicht sehen; und zweitens, wenn er vom Himmel herabsteigen sollte, um deine Seele zu holen, dann werde ich meine Seele statt dessen anbieten.« Und ebenfalls boten seine Mutter und seine Schwester an, ihre Seelen statt seiner zu geben.

Auf jeden Fall wurde die Hochzeit vorbereitet und die Hochzeitsnacht fand statt. Aber gerade, als Braut und Bräutigam die Hände ineinanderlegten, öffnete sich die Tür, der Derwisch trat ein und sprach: »Habe ich dir nicht gesagt, Jüngling, du sollest nicht heiraten, denn deine Hochzeitsnacht werde die letzte Nacht deines Lebens sein?« – »Gewähre mir eine kurze Frist«, erwiderte der Jüngling, »damit ich meine Eltern rufen kann.« Er rief sie beide, und als sie gekommen waren, erinnerte er sie an ihr Versprechen: »Ihr habt doch versprochen, daß ihr zu dem Zeitpunkt, wenn Azra'il komme, bereit seid, eure Seele anstelle meiner zu geben. Hier nun ist Azra'il gekommen. Gebt ihm eure Seele!« Da bot der Vater sich an: »Komm, Azra'il, und nimm meine Seele!« Sogleich machte Azra'il sich daran, die Seele des Vaters aus seinem Körper zu ziehen. Er hatte sie schon bis zur Brust herausgezogen, da rief der Vater: »Azra'il! Es ist doch zu schwer, die Seele herzugeben. Nimm lieber seine eigene Seele!« Gerade als Azra'il den Sohn zum Schlafen legte, rief nun die Mutter: »Der Bräutigam ist doch noch so jung, nimm statt seiner lieber meine Seele!« Also machte sich Azra'il daran, die Seele der Mutter herauszuziehen. Aber als er sie schon bis zur Kehle herausgezogen hatte, rief die Mutter auch: »Es ist so schwer! Ich will lieber auf der Welt bleiben. Nimm doch seine eigene Seele!« Da lief aber sogleich die Braut herbei und sprach: »Wenn heute der Bräutigam stirbt, wird man morgen zu mir sagen, mein Schritt bringe Unheil. Also nimm gleich heute meine Seele, damit ich Ruhe finde vor den Anschuldigungen der Leute.«

So machte sich Azra'il nun daran, die Seele des Mädchens herauszuziehen. Aber gerade, als er sie schon bis zur Nase herausgezogen hatte, ertönte eine Stimme vom Himmel, die rief: »Laß sie beide in Frieden! Wegen der Opferbereitschaft der Braut schenke ich ihnen beiden dreißig Jahre Leben zusammen!«

So beendete Gott alles mit Wohlgefallen.

Der listige Sohn des Bruders

Einer war, einer war nicht. Es waren einmal zwei Brüder, die waren alle beide Kaufleute. Einer von ihnen war sehr reich, der andere besaß so gut wie gar nichts. Eines Tages wurde der arme Kaufmann krank, und da er drei Söhne hatte, trug er ihnen als einziges Vermächtnis auf: »Meine Kinder! Wenn ich gestorben bin, dann laßt euch nicht von eurem Onkel täuschen. Wenn ihr bei jemandem in die Lehre gehen wollt, dann tut das, aber geht nicht zu eurem Onkel!« Dann verschied der Kaufmann und starb. Von den drei Brüdern ging der jüngste zu einem Schmied,

der mittlere zu einem Schneider, der älteste aber ging zu seinem Onkel.
Der Onkel sprach zu ihm: »Mein Kind! Wenn du ein ganzes Jahr bei mir bleibst und alles ausführst, was ich dir auftrage, dann werde ich dir nach einem Jahr meine Tochter zur Frau geben, und du wirst dich in meinem Haus niederlassen. Wenn du aber nach diesem einen Jahr nicht alles ausgeführt hast, was ich dir aufgetragen habe, dann gehört dein Blut mir und niemand soll ein Recht dazu haben zu fragen, warum ich dich getötet habe.« Der junge Mann gab seinem Onkel ein Schreiben mit dem entsprechenden Inhalt und erhielt von ihm ein gleiches Schreiben des Inhalts: »Wenn ich nach einem Jahr alles, was du mir aufgetragen hast, ausgeführt habe, dann wirst du mir deine Tochter geben. Tust du dies nicht, dann stehen mir einhunderttausend Tuman zu.« Hiermit war der Onkel einverstanden. So wurde der Jüngling Lehrling bei seinem Onkel. Den ganzen Tag, von morgens bis abends hatte er nun nichts weiter zu tun, als Geld einzutreiben und Waren auf dem Markt anzupreisen. Dann auch wieder holte er Wasser, kümmerte sich um die Kinder oder trug die Kleinkinder beim Spazierengehen umher. Sonst gab es nichts zu tun, bis zehn Monate verstrichen waren.
Nach zehn Monaten sprach der Onkel zu ihm: »Mein Kind! Heute habe ich eine Aufgabe für dich, die ich dir bisher noch nicht aufgetragen habe, aber schließlich mußt du ja alle Arbeiten erledigen.« – »Sehr gut«, erwiderte der Jüngling. Dann holte der Onkel fünfzehn Schafe, die er ihm übergab. Außerdem gab er ihm einen Krug mit Joghurt, der mit einem Tuch verschlossen war. Am nächsten Morgen sagte er zu ihm: »Mein Kind! Hier hast du ein Brot als Mittagessen. Dieser Joghurt soll dir eine Beilage sein. Aber wenn du zurückkommst, darf das Brotrund

nicht zerbrochen sein und die Haut des Joghurt darf nicht angebrochen sein. Wenn du am Nachmittag zurückkommst, und das Brot zerbrochen oder die Haut des Joghurt zerstört hast, dann werde ich dir die Haut vom Kopf abziehen.« Hiermit erklärte sich der junge Mann einverstanden.

So nahm er also die Schafe, nahm Brot und Joghurt mit und ging auf die Weide. Als es Mittag wurde und er essen wollte, sprach er bei sich: »Wie soll ich denn dieses Brot essen, ohne das Rund zu zerstören; und wie soll ich von dem Joghurt essen, ohne vorher die Haut anzubrechen? Ich werde einfach den Joghurt beiseite lassen und das Brot ganz aufessen. Was soll mir denn dann schon passieren!« Am Nachmittag nahm er dann die Schüssel mit Joghurt und brachte die Schafe zurück. Als sein Onkel ihn fragte, wo denn das Brot sei, erwiderte er: »Lieber Onkel! Was ist denn schon ein Stück Brot! Ich habe es gegessen.« Der Onkel aber entgegnete: »Nun gut. Jetzt kommst du also zurück und hast einen Befehl, den ich dir gegeben habe, nicht ausgeführt. Dann werde ich dir jetzt die Haut vom Kopf abschneiden!« Er hatte schon das Messer ergriffen, da trat seine Frau hinzu und sagte: »Er hat doch den Joghurt nicht gegessen, so ist seine Schuld also nur halb so groß. Und diese Hälfte der Schuld bitte ich dich, mir heute zu schenken.« – »Gut«, erwiderte der Mann, »heute will ich sie dir einmal schenken.«

Am nächsten Morgen nahm er wieder eine Schüssel mit Joghurt, einen Laib Brot und übergab dem jungen Mann die fünfzehn Schafe mit den Worten: »Wenn du am Nachmittag kommst, darf das Brot nicht angebrochen und die Haut des Joghurt nicht zerstört sein.« Als der Jüngling gegen Mittag wieder hungrig wurde, leerte er den ganzen Joghurt auf das Brot aus. Hierbei zerriß natürlich die Haut

und das ganze Brot war mit Joghurt bedeckt. So aß er beides zusammen. Als er dann am Nachmittag zurückkam und die Schafe seinem Onkel übergab, sagte dieser: »Nun gut. Heute brauchen wir nicht weiter zu streiten.« Und er nahm den Jüngling bei der Hand und tötete ihn.
Die Nachricht hiervon gelangte den Brüdern zu Ohren. Da sagte der mittlere Bruder: »Ich will gehen, um unseren Bruder zu rächen!« Er wurde unter den gleichen Bedingungen Lehrjunge bei seinem Onkel. Aber wenn er die Kinder zum Spazierengehen mitnahm, verprügelte er sie, nahm ihnen ihr Geld ab und zerbrach ihre Sachen.
Auf jeden Fall, zehn Monate lang geduldete sich der Onkel und sagte nichts, denn schließlich war er ja ein kostenloser Lehrjunge. Nach Ablauf der zehn Monate aber sprach er zu ihm: »Mein lieber Neffe. Jetzt rückt ja die Heirat schon näher. So mußt du noch das Viehhüten lernen!« Und genau wie vorher übergab er ihm eine Schüssel mit Joghurt, einen Laib Brot und fünfzehn Schafe. Und ebenso tötete er ihn gleichfalls am zweiten Tag.
Als die Nachricht hiervon zu dem jüngsten Bruder gelangte, rief dieser aus: »Bei Gott schwöre ich, daß ich entweder mich auch töten lassen werde, oder aber Rache für meine Brüder nehme!« So ging er also zu seinem Onkel und sprach: »Lieber Onkel! Ich werde dir nicht einen solchen Vertrag unterzeichnen, wie es meine Brüder getan haben. Vielmehr wollen wir eine Vereinbarung treffen, daß ich ein Jahr lang als kostenloser Lehrjunge bei dir bin. Wenn du dich in dieser Zeit über mich ärgerst, dann soll es mir erlaubt sein, dich zu töten; und wenn ich mich über dich ärgere, sollst du mich töten dürfen.« Einen Vertrag mit diesem Wortlaut erhielt er, und einen gleichlautenden Vertrag gab er ebenfalls seinem Onkel. Und einen Monat lang erfüllte er treu seinen Dienst.

Als er nach einem Monat einmal im Markt gewesen war und tausend Tuman in Papiergeld eingesammelt hatte, tat er das Geld in seine Jacke und zündete sie an. Darauf tat er so, als wolle er beten. Am Abend kam er dann weinend nach Hause. Sein Onkel fragte ihn: »Lieber Neffe! Was ist denn mit dir, und warum weinst du?« Da antwortete er: »Lieber Onkel! In der Moschee hatte ich meine Jacke ausgezogen und beiseite gelegt. Dann bat ich noch jemanden, der in der Nähe war, er möge darauf aufpassen, daß man mir sie nicht stehle. Dann weiß ich nicht, ob jemand eine Zigarette geraucht hat oder eine Pfeife angezündet hat; auf jeden Fall, als ich das Gebet beendet hatte, sah ich, daß die Jacke wie eine Kerze in hellen Flammen stand. Und außerdem war ja das ganze Geld in der Jackentasche! Deshalb weine ich nicht um meine Jacke, denn Ihr werdet mir sicher bald eine neue Jacke kaufen, sondern ich weine wegen des Geldes.« Der Onkel aber meinte hierzu nur: »Nun, das Ganze ist jetzt vorbei, und es bleibt dir nichts übrig, als zu weinen.« Dann schickte er ihn wieder an die Arbeit. Zwei, drei Tage später war eine Festbeleuchtung im Markt geplant. Der Onkel rief den Jüngling zu sich und sprach: »Nimm diese vierzig Lampen und bring sie dorthin!« Er nahm die Lampen, stellte sie auf ein spezielles Tablett und machte sich auf den Weg. Auf dem Weg trat er in ein Abflußgitter, wobei er sich absichtlich verletzte. Dann zog er sein Messer und brachte sich auf der Stirn einige Schnitte bei. Die Lampen warf er auf die Erde, wo sie zerbrachen. Dann verband er sich die Stirn mit seinem Taschentuch und lief weinend zurück zu seinem Onkel. Dieser fragte ihn: »Lieber Neffe. Was weinst du denn? Hast du die Lampen hingebracht oder nicht?« Er entgegnete: »Ja, lieber Onkel. Ich habe die Lampen auf einem Tablett auf dem Kopf getragen. Als ich ganz hier in der Nähe war, stolperte ich plötzlich über ein Abflußgitter und verletzte mich am Fuß. Die vierzig Lampen sind dabei hinuntergefallen. Jetzt habe ich eine Wunde am Kopf, mein Fuß ist verwundet und die Lampen sind zerbrochen.« Da stand der Onkel auf und begann ihn zu beschimpfen. Er aber entgegnete nur: »Lieber Onkel, was hast du denn? Bist du etwa über mich ärgerlich geworden?« – »Du Verfluchter«, rief der Onkel, »was willst du mir denn jetzt als Schadensersatz für die zerbrochenen Lampen geben?« – »Nun«, antwortete der Jüngling, »ich will nicht, daß Ihr meinetwegen Schaden erleidet. Also will ich Euch fünf Tuman Schadensersatz leisten.« – »Wie«, rief da der Onkel. »Beim Geiste meines Vaters! Vierzig Lampen hast du mir zerbrochen und willst dafür nur fünf Tuman ersetzen? Zweitausend Tuman wären ja noch nicht genug!«

Ein, zwei Monate später ging er einmal mit einem der Kinder spazieren. Als er an einer Straßenecke sah, daß eine Pferdekutsche ankam, warf er sich mit dem Kind darunter. Er selbst verletzte sich den Fuß, aber das Kind war gleich tot. Da holte man einige Lastträger, die ihn aufhoben und zusammen mit dem toten Körper des Kindes in die Leichenhalle trugen. Der Leichenbestatter benachrichtigte den Onkel, der sogleich herkam. Dem Jüngling tat zwar auch sein eigener Fuß weh, aber trotzdem klagte er gespielt. Der Onkel trat an ihn heran und sprach: »Du Verfluchter! Was ist denn das für eine Art von Spazierengehen? Warum hast du mein Kind getötet? Warum hast du das nur getan – eher solltest du sterben!« Er aber erwiderte nur: »Lieber Onkel! Ich habe doch daran keine Schuld! Aber sagt mir, seid Ihr jetzt wegen mir zornig?« – »Nein«, entgegnete der Onkel, »ich meine nur, daß du mehr aufpassen mußt. So kann man doch kein Kind herumtragen!«

Als er am Abend ein anderes Kind zur Toilette führen soll-

te, sagte er zu ihm: »Du darfst nicht pinkeln!« Aus Angst hielt das Kind inne, und er brachte es wieder zurück in das Zimmer. Dort rief es wieder: »Ich muß mal!« Wieder rief der Onkel den Jungen und sagte ihm: »Nimm das Kind an der Hand und bring es zur Toilette!« Er nahm das Kind mit, sagte aber wieder: »Du darfst nicht pinkeln!« Als er es dann zurück ins Haus brachte, rief das Kind wieder: »Ich muß mal!« Zum dritten Mal rief der Onkel den Jungen und sagte ihm: »Nimm das Kind bei der Hand und bring es zur Toilette!« – »Wenn es mit mir geht, pinkelt es nicht!« antwortete er. »Was soll ich denn nur machen?« – »Wenn es noch einmal nicht pinkeln will«, rief der Onkel unwillig, »dann heb es hoch in die Luft und wirf es auf den Boden!« So nahm er das Kind wieder mit hinaus, sagte ihm abermals, es dürfe nicht pinkeln, nahm es dann hoch in die Luft und warf es auf den Boden, wo es sogleich starb. Da rief der Onkel: »Um Himmels willen! Was hast du denn jetzt wieder gemacht!« Er aber erwiderte nur: »Haben wir denn nicht eine Vereinbarung getroffen, daß ich jeden deiner Befehle ausführen muß? Und hast du nicht gesagt, daß ich das Kind auf den Boden werfen solle? Nur das habe ich getan. Jetzt sag mir, lieber Onkel, ob du über mich zornig bist?« Und wieder überlegte sich der Onkel, wenn er jetzt »Ja« sagen würde, daß der andere ihn dann töten dürfe.
Auf diese Art und Weise verbrachten sie zehn Monate miteinander, und der Jüngling nahm einstweilen Rache für seine beiden Brüder. Schließlich nahm der Onkel wieder eine Schüssel voll Joghurt und einen Laib Brot und sprach zu ihm: »Nun denn, mein Neffe! Zehn Monate sind ja jetzt vorbei und die Heirat ist nahe gerückt! Nimm diese fünfzehn Schafe auf die Weide, aber das Brot und den Joghurt darfst du nicht anbrechen.« So ging der Junge auf den Weg, kaufte sich aber zwischendurch noch selbst ein

anderes Brot, das er mitnahm. Als er gerade die Schafe auf der Weide ausführte, sah er einen Jäger, der einen Wolf geschossen hatte und ihn in die Stadt bringen wollte. Er fragte ihn: »Verkaufst du diesen Wolf?« Und als der Jäger antwortete: »Ja«, da entgegnete er: »Gut, dann schlachte eines von diesen Schafen!« Zusammen schlachteten sie ein Schaf, zogen ihm das Fell ab und brieten es auf dem Feuer. Einen Teil davon aßen sie gleich, den Rest gab der Jüngling dem Jäger als Bezahlung für den toten Wolf. Dann nahm er einen Stein und zerschlug die Joghurtschüssel von unten. So floß der Joghurt aus, aber die Haut blieb unbeschädigt. Mit seinem Messer schnitt er aus dem Brot die Mitte heraus und aß es, die äußere Hülle aber blieb ganz. So verbrachte er den Nachmittag. Als er dann wieder zu seinem Onkel kam, zählte dieser die Schafe, worauf er fragte: »Warum sind es denn nur vierzehn Stück?« – »Ich will nicht lügen«, erwiderte er. »Ich war gerade einmal eine Weile von den Schafen weggegangen, da hat dieser Wolf eines von ihnen zerrissen.« – »Gut«, sagte der Onkel, »bring mir die Schüssel Joghurt und das Brot.« Da sah er, daß das Brot außen unversehrt war, und daß auch die Oberfläche des Joghurt nicht beschädigt war. »Gut«, sagte er. »Aber warum hast du denn die Schüssel zerbrochen?« Hierauf erwiderte der Jüngling: »Wir hatten doch nicht vereinbart, daß die Schüssel nicht zerbrochen sein solle. Vielmehr hatten wir nur vereinbart, daß die Oberfläche des Joghurt nicht beschädigt sein dürfe.« Hiermit war der Onkel notgedrungen zufrieden.
Am nächsten Tag nahm er wieder das Brot und den Joghurt und brachte die Schafe auf die Weide. Nachdem er sie gemolken hatte, aß er wieder das Innere des Brotes und schlürfte mit einem Strohhalm den Joghurt aus. Am Abend dann ging er nach Hause und übergab die Schafe.

Nun hatte er dem Jäger den Auftrag gegeben, wenn dieser einen lebenden Wolf fangen könne, daß er ihm diesen abkaufen werde. Am vierten Tag brachte der Jäger einen jungen Panther, den er ihm abkaufte. Als Bezahlung dafür gab er ihm ein ganzes Schaf, und ein anderes Schaf schlachteten sie zusammen. Von dem geschlachteten Schaf brieten sie die Keulen und aßen sie. Ein kleines Stück vom Schwanz legte der Junge beiseite als Köder für eine Falle für den Wolf. Als sie am Abend wieder zurückkamen, zählte der Onkel die Schafe. Als er sah, daß von vierzehn Schafen zwei fehlten, fragte er, wo diese beiden denn seien. Da erzählte der Junge: »Gott habe deinen Vater selig! Da hast du ja eine schöne Arbeit für uns ausgesucht! Bald hätte uns heute ein Panther zerrissen!« – »Schon gut«, erwiderte der Onkel, »aber was ist mit den Schafen passiert?« – »Nicht viel«, antwortete der Junge. »Der Panther hatte sich mitten zwischen die Schafe gestürzt, und ich rief laut um Hilfe. Da kam jemand mit einem Gewehr vorbei und tötete den Panther. Aber als das passierte, war ein Schaf schon tot und ein weiteres schwer verletzt. Das zweite habe ich geschlachtet und die beiden Keulen dem Jäger als Belohnung gegeben, den Rest des Fleisches habe ich hier mitgebracht.« – »Bravo«, rief da der Onkel, »Du bist mir ja ein schöner Schafhirte. Ich glaube, wenn du meine Schafe einen Monat gehütet haben wirst, wirst du alle verschenkt haben! Jetzt hütest du sie erst acht Tage und hast schon drei von ihnen zugrunde gerichtet!« Der Junge aber fragte zurück: »Mein Onkel! Bist du denn etwa wegen mir zornig geworden? Du schickst mich doch schließlich jeden Tag zu den wilden Tieren, zu Wolf und Panther, und jedesmal schimpfst du mich nachher aus!« – »Nein«, entgegnete der Onkel, »ich ärgere mich nicht über dich, aber du bist ja wegen mir zornig!« – »Nein«,

erwiderte auch der Junge, »ich bin nicht ärgerlich. Ich tue doch nur, was du mir aufträgst. Aber du kannst es mir ruhig sagen, wenn du dich meinetwegen ärgerst!«
Als sie am Abend gegessen hatten, legte der Junge sich schlafen. Der Onkel setzte sich mit der Frau und den Kindern zusammen und beriet, was man weiter tuen solle: »Seit jener da ist, hat er mir großen Schaden zugefügt. Er hat seine Jacke und mit ihr zehntausend Tuman verbrannt; vielleicht hat er auch – Gott allein weiß es – das Geld für sich genommen und nur die Jacke verbrannt. Vierzig Lampen hat er zerbrochen, ein Kind hat er unter den Rädern der Pferdekutsche sterben lassen, ein anderes hat er auf den Boden geworfen und so getötet. Und jetzt hütet er auch noch so meine Schafe! Ich wage ja kaum mehr zu atmen. Liebe Frau, weißt denn du keinen Rat? Bald wird er kommen und deine Tochter zur Frau begehren. Soll ich ihm dann sagen: ›Nein, ich gebe sie dir nicht, das geht nicht‹? Selbst wenn ich sie ihm geben wollte, läßt das mein Herz nicht zu. Und wenn ich sage, daß ich wegen ihm zornig bin, dann wird er mich gleich töten. Dieser Verfluchte wird sicherlich keine Ruhe geben, bis er nicht endgültig an mir Rache für seine beiden Brüder genommen hat.« Da riet ihm seine Frau: »Wenn du auf mich hören willst, dann tue folgendes: Gehe zwei, drei Tage mit jenem zusammen aufs Feld. Wenn er dann am nächsten Tag wieder weggegangen ist, miete Maultiere. Dann werden wir unsere Sachen aufladen und aus dieser Stadt fortziehen. Das Haus soll ihm ruhig gehören.« – »Das ist keine schlechte Idee«, meinte ihr Mann, »und außerdem haben wir ja keine andere Wahl. Wir werden genau das tun.«
Nun hatte der Onkel eine Tochter, die dem Jungen das Essen gab. Die hatte er sich auserkoren und sagte immer zu ihr: »Du bist meine Verlobte.« So konnte er sie fragen, was

denn ihr Vater und ihre Mutter über ihn beredeten. Am Abend des nächsten Tages fragte er also das Mädchen: »Was haben denn dein Vater und deine Mutter über mich besprochen?« – »Nichts Besonderes«, antwortete das Mädchen. »Mein Vater ist wegen dir sehr ärgerlich. Er will, daß wir alle von hier fortziehen und vor dir fliehen.« – »Gut«, erwiderte er, »sag mir aber am Abend Bescheid, sobald du merkst, daß sie sich für die Reise vorbereiten.« In den nächsten Tagen holte der Junge aus der Falle, die er mit dem Schafsschwanz als Köder versehen hatte, immer einen toten Wolf heraus. Dafür schlachtete er entweder ein Schaf und aß es, oder er brachte es zum Fleischer, dem er es verkaufte. Das Mädchen sprach bei sich: »Nun gut! Von vierzehn Schafen sind jetzt noch sechs Schafe übrig. Auch sind noch sechs Tage geblieben, dann ist das Jahr vorbei.« Als der Junge dann am nächsten Tag wieder die Schafe zur Weide gebracht hatte, sah sie, wie ihre Eltern Maultiere geholt hatten und sie mit ihren Sachen beluden. Das Mädchen hatte dem Jungen aber schon am Abend vorher Bescheid gegeben. So brachte er die Tiere nun zu einem Schäfer und sagte ihm: »Die Milch soll dir gehören, paß nur auf die Schafe auf, bis ich wiederkomme.«

Dann lief er schnell wieder zurück ins Haus, versteckte sich in einer Kiste und sagte zu dem Mädchen: »Verschließe die Kiste wieder mit einem Schloß.« Sobald er in der Kiste war, bohrte er mit seinem Messer ein Loch in den Boden, durch das er atmen konnte. Die anderen packten ihre Sachen auf und reisten los, bis sie am Abend nach Qazvin kamen. Als sie sich dort zum Abendessen niederließen, sagte der Onkel: »Jetzt will ich mich endlich einmal ein wenig ausruhen. Nur noch sechs Tage waren geblieben, dann wäre dieser Verfluchte mein Erbe geworden. Ich habe mich wirklich sehr über ihn geärgert und habe absolut die Geduld verloren.« Da öffnete der Junge von innen das Schloß der Kiste, kam heraus und sagte: »Ein Versprechen muß man halten, lieber Onkel! Du warst so zornig über mich, daß du es sogar vorgezogen hast, vor mir zu fliehen. Aber du wußtest ja nicht, daß ich es nicht ertrage, von dir getrennt zu sein. Nach meinem Vater habe ich dich doch am liebsten. Aber jetzt sollten wir nicht weiter reden: Von der Stadt bis hierher bin ich in der Kiste gewesen, auf dem Rückweg sollst jetzt du von hier bis zur Stadt in der Kiste sein.« Dann fragte er die Frau: «Was habt ihr denn zu Abend gegessen? Gebt mir einen Teil davon ab.« Die Frau entgegnete: »Wir haben nur Tee getrunken, und dein Anteil ist noch da.« Der Junge aß, stand dann auf und rief den Karawanenführer zu sich, zu dem er sagte: »Mir ist eben eingefallen, daß wir wieder nach Esfahan zurückkehren müssen. Den Lohn, der mit dir ausgemacht war, will ich dir geben, nur mußt du mit uns zur Stadt zurückkehren.« Der Karawanenführer war es einverstanden und zusammen machten sie sich auf den Weg. Der Onkel in der Kiste wußte aber nichts von dem Loch, und so kam er nach ein, zwei Stunden in Atemnot und begann, mit der Kiste hin und her zu schaukeln. Als der Karawanenführer sah, daß sich eine Kiste von selbst bewegte, ging er zu dem Jungen und sagte: »Dort hinten bewegt sich eine Kiste ganz von selbst. Ich glaube fast, ein Tier ist hineingekrochen, will jetzt wieder heraus und findet keinen Weg.« Da dachte der Junge an das Loch, ging zu der Kiste und sagte: »Lieber Onkel! In der Kiste ist ein Loch. An das mußt du deinen Mund halten, damit du nicht erstickst.«

Am Abend des nächsten Tages waren sie wieder zurück in der Stadt, und von den ursprünglich sechs Tagen bis zur Hochzeit waren jetzt nur noch zwei Tage übrig. An diesen

zwei Tagen holte er den Onkel nicht aus dem Kasten heraus. Zum Essen durfte er auf der Kiste sitzen, danach aber wurde er wieder darin eingeschlossen. Zu den Händlern, die ihn nach dem Onkel fragten, wenn er jeden Tag auf den Markt ging, sagte er einmal: »Er ist etwas müde«, ein anderes Mal: »Er ist gerade mit den Hochzeitsvorbereitungen beschäftigt.« Als dann endlich der Tag der Hochzeit gekommen war, bereitete er selbst alles für die Zeremonie vor. Er lud die anderen Händler ein, holte seinen Onkel aus der Kiste, zog ihm neue Kleider an und sprach: »Lieber Onkel! Ich weiß, daß du dich über mich sehr geärgert hast. Durch den Vertrag und die Vereinbarung, die wir miteinander getroffen haben, könnte ich dich jetzt töten, genauso, wie du meine beiden Brüder getötet hast. Statt dessen werde ich dich aber als Vater anerkennen und dich nicht töten. Komm zu den versammelten Kaufleuten und verheirate mich mit deiner Tochter.« Da hatte der Onkel keine andere Wahl mehr. Er betrat den Raum, in dem die anderen Kaufleute saßen, begrüßte sie und erteilte seine Erlaubnis, daß man seine Tochter dem Jungen zur Frau gab. So verheiratete man die beiden miteinander, und sie verbrachten ihre Hochzeitsnacht.
Am nächsten Morgen sprach der Junge seinen Onkel an: »Lieber Onkel!« – »Ja, was ist denn?« – »Jetzt bin ich also dein Schwiegersohn und du bist mein Schwiegervater. Du bist nicht mehr mein Onkel, sondern du bist mir wie ein Vater. Deshalb habe ich auch davon abgesehen, dein Blut zu opfern und begnüge mich als Rache für meine beiden Brüder mit dem Blut deiner beiden Kinder. Jetzt kannst du, wenn du willst, den ganzen Tag im Haus bleiben und ich werde alle notwendigen Arbeiten im Markt beaufsichtigen!« – Wir gingen hoch, da war Mehl, wir kamen runter, da war Teig – das war unsere Geschichte gleich!

Der Zauberlehrling

Es wird erzählt, daß in alten Zeiten einst ein Dornensammler lebte, der hatte einen Sohn. Dieser Sohn kam eines Tages nach Hause und bat seine Mutter um Mittagessen. Die Mutter erwiderte: »Heute haben wir nichts zum Mittagessen. Gestern abend hat dein Vater zu wenig Holz nach Hause gebracht, so daß nichts für heute übrig geblieben ist.« Da nahm der Sohn seinen Stock und verprügelte die Mutter, wobei er rief: »Das ist dafür, daß ich nichts zu essen bekomme.« So verprügelte er seine Mutter und legte sich dann schlafen. Als am Abend der Vater nach Hause kam und sah, wie seine Frau weinte, fragte er sie: »Was ist denn los? Warum weinst du denn?« – »Ach«, schluchzte sie, »das ist alles wegen deinem Sohn.« – »Was hat mein Sohn denn getan?« fragte der Mann. »Ach, nichts«, sagte die Frau. »Er wollte von mir sein Mittagessen, und als ich ihm sagte, daß kein Brot da sei, nahm er seinen Stock und schlug mich damit solange, wie ich normalerweise essen würde.« Da rief der Vater: »Gut, wenn das so ist, dann werde ich jetzt auch einmal bei ihm nach dem Rechten gucken!« Als der Sohn wieder nach Hause kam, nahm der Vater seinen Stock und verprügelte den Sohn, wobei er rief: »Du bist noch so jung und schon so frech! Statt Brot nach Hause zu bringen, damit deine Mutter etwas zu essen hat, schlägst du sie, damit sie dir Brot geben solle.«
Am Morgen darauf bereute der Sohn seine Tat und sagte: »Gebt mir ein Beil und ein Stück Kordel! Ich will auch Holzsammeln gehen!« So nahm er wie der Vater Kordel und Beil, und zusammen gingen sie Holzsammeln. Am Abend dann verkauften sie das Brennholz. Wenn das Holz des Vaters auch einige Groschen wert war, das des Sohnes galt immer viel mehr. Zwei, drei Tage ging der Sohn so mit

dem Vater. Nach einigen Tagen aber sprach er zu ihm: »Vater! Dort unten ist eine Stelle, wo es viel Brennholz gibt! Laß uns dort hinunter gehen!« Der Vater aber riet ihm ab: »Sohn, dort unten gibt es gefährliche wilde Tiere.« – »Macht nichts«, erwiderte der Sohn. »Dann bleib du hier und ich gehe allein.« So ging er zwei, drei Tage, bis er eines Tages zum Schloß der Königstochter gelangte. Dort sah er Bäume, die bis in den Himmel ragten, und dachte bei sich: »Mein Vater ist doch verrückt! Hier stehen ganze Bäume, und er müht sich, mit dem Beil einige Äste zu schlagen.« Und ohne Wenn und Aber betrat er den Garten, setzte seine Axt am Fuße eines Baumes an, fällte ihn und zerkleinerte ihn in Scheite. Die Scheite band er dann in ein Tragebündel. Jetzt war er erst einmal müde geworden und legte sich am Fuß des Schlosses ein wenig schlafen.

Die Prinzessin ging gerade in ihren Gemächern spazieren und kam an ein Fenster, da sah sie den faulen Kahlkopf am Fuße des Schlosses schlafen. Seine Mütze war vom Kopf gerutscht und die Fliegen schwirrten um sein Gesicht. Die Prinzessin ließ ein Steinchen auf ihn fallen, der Jüngling aber murmelte nur: »Ach, laß mich schlafen!« Wieder ließ sie ein Steinchen fallen, wieder murmelte er nur: »Du Hundesohn, laß mich doch schlafen.« Noch einmal warf die Prinzessin, diesmal ein größeres Steinchen, und plötzlich schreckte der Jüngling aus dem Schlaf empor. Seine Augen trafen sich mit den Augen der Prinzessin, und sogleich ließ der Pfeil der Liebe sich in seiner Brust nieder. Er rief ihr zu: »Mein Fräulein! Ich bin Ihr Diener! Wie kann ich zu Ihnen gelangen? Wie verrückt laufe ich hierhin und dorthin – werft mir doch ein Seil herab, das ich um meine Hüfte binden kann, damit Ihr mich hinaufzieht!«

Während er noch so sprach, kam der Wächter des Gartens, und die Prinzessin rief ihm tadelnd zu: »Hast du etwa das

Tor aufgelassen? Haben wir denn hier einen Pferdestall, daß jeder hereinkommen kann und unsere Bäume fällt?« Da packte der Gärtner den Jüngling und prügelte ihn durch, wobei er ihn ausschimpfte, warum er denn den Baum zerhackt habe. Als er ihn dann hinauswerfen wollte, hatte die Prinzessin doch Mitleid mit ihm und sagte dem Gärtner, er solle ihm wenigstens das Bündel Holz mit auf den Weg geben.

Als der Jüngling nach Hause kam, warf er das Bündel im Hof ab und fing an zu schluchzen: »Unreif war ich, jetzt brenne ich. Ich verbrenne, seit ich die Liebe zu dir kennenlernte. Durch diese Liebe verbrenne ich.« Seine Mutter fragte ihn ganz besorgt: »Mein Kind, was ist los mit dir? Wieso benimmst du dich so verrückt?« – »Nichts«, rief er. »Ich habe mich nur in die Prinzessin verliebt!« Als der Vater nach Hause kam, sah er, daß sein Sohn richtig verrückt geworden war. Dauernd rief er: »Wenn ihr mir nicht die Prinzessin besorgt, werde ich mich selbst töten.« Der Vater versuchte ihn davon abzubringen: »Mein Sohn! Du bist der Sohn eines Holzfällers, was hast du mit der Prinzessin zu schaffen?« – »Was geht mich das an? Wenn ihr mir nicht die Prinzessin besorgt, werde ich mich töten!« – »Unser König ist gerecht«, versuchte die Frau den Mann zu überreden. »Morgen ist Freitag, da gibt er eine öffentliche Audienz. Geh hin und trag ihm das Anliegen vor, ob er nun darauf eingeht oder nicht.« – »Frau«, erwiderte der Mann. »Ich schäme mich ja. Wie soll ich denn mit diesem dreckigen Kahlkopf vor den König treten?« – »Nimm ihn jetzt gleich mit ins Bad«, riet die Frau. »Danach zieh ihm saubere Kleider an. Da du selbst ein alter Mann bist, wird sich der König vielleicht deiner erbarmen.« Darauf ließ der Mann sich ein.

So nahm er am nächsten Morgen seinen Sohn mit ins öffentliche Bad, wusch ihn und behandelte seinen aussätzigen Kopf, und lieh sich schließlich ein Gewand aus, das er ihm überzog. Dann nahm er ihn mit vor den König. Dort verneigte er sich ehrfürchtig und küßte den Boden. Der König fragte ihn: »Alterchen, was willst du?« – »Zu Diensten, Majestät«, erwiderte der alte Holzfäller. »Mein Bart ist schon weiß, aber ich habe nur diesen einen Sohn. Er hat nun die Prinzessin gesehen und sich in sie verliebt. So komme ich als Brautwerber.« Darüber erzürnte der König und sprach leise zu seinem Wesir: »Was soll ich diesem alten Mann denn als Antwort geben?« – »Zu Diensten, Majestät«, antwortete der Wesir, »überlaßt den Alten nur mir. Ich werde ihm schon zu entgegnen wissen.« – »Gut«, meinte der König, »so soll es sein.« Also rief der Wesir den Alten vor sich und fragte ihn: »Alterchen! Hast du denn Besitz? Besitzt du etwas, womit du den Lebensunterhalt der Prinzessin bestreiten könntest?« – »Nein«, erwiderte der Alte. »Ich bin doch nur ein Holzfäller.« – »Besitzt vielleicht dein Sohn selbst etwas?« – »Nein, auch mein Sohn hat keinen Besitz.« – »Gut«, fuhr der Wesir fort, »so will ich dir eine Aufgabe stellen: Wir werden deinem Sohn vierzig Gänse übergeben, die soll er vierzig Tage lang auf die Weide führen. Stück für Stück werden wir sie ihm übergeben und Stück für Stück werden wir sie wieder von ihm erhalten. Keine dieser Gänse soll auch nur ein Grämmchen zugenommen oder abgenommen haben, und natürlich darf keine verlorengegangen sein. Schafft er dies nicht, so ist sein Kopf dem König verfallen.« Da wandte der Vater sich dem Sohne zu und fragte ihn: »Was sagst du dazu?« – »Ich bin bereit«, erwiderte der Sohn. »Gänse gehen leicht verloren«, warnte ihn noch einmal der Vater, »dann wird der König dich töten.« – »Soll es doch sein«, entgegnete der Sohn. »Wenn ich es nicht schaffe, dann laß

mich auf diese Art umkommen!« Der Wesir war es einverstanden und befahl, vierzig Gänse zu bringen.
Man brachte die Gänse, und Stück für Stück wurden sie dem Jüngling übergeben. Er nahm sie und trieb sie auf die Weide. Dort baute er sich eine kleine Hütte. Tagsüber ließ er nun die Gänse weiden und abends trieb er sie in die Hütte. Dort hielt er einen jungen Wolf versteckt, den er einmal in der Woche hervorholte und ihn den Gänsen zeigte. So kam es, daß die Gänse genau um das Gewicht, was sie in einer Woche angesetzt hatten, aus Angst vor dem jungen Wolf wieder magerer wurden.
Lassen wir aber nun den Jüngling und schauen nach der Prinzessin. Diese und der Wesirssohn waren heimlich ineinander verliebt. So stiftete sie den Wesirssohn an: »Geh und versuch, diesem Dummkopf eine Gans abzulisten, damit wir von ihm erlöst werden.« Der Wesirssohn war es einverstanden und verließ unter dem Vorwand, auf die Jagd zu gehen, die Stadt. Der Jüngling sah, wie der Wesirssohn zu Pferd angeritten kam und die Gänse erschreckte. Da stellte er sich ihm in den Weg und rief: »Hier ist das Weideland des Königs. Wieso treibst du dein Pferd hierdurch?« Der Wesirssohn entgegnete: »Entschuldigt! Ich bin ein Gast in eurem Land!« Da lud ihn der Jüngling ein: »Der Gast ist der Liebling Gottes! Tretet näher!« – »Habt Ihr etwas zu essen?« bat der Wesirssohn. »Ich bin hungrig.« – »Brot und Buttermilch habe ich.« – »Brot und Buttermilch ist wenig zu essen. Ich werde dir etwas Geld geben, damit du mir eine von diesen Gänsen schlachtest und röstest.« – »Die Gänse darf ich nicht schlachten«, erwiderte der Jüngling. »Sonst wird der König mich töten lassen.« Der Wesirssohn aber bedrängte ihn weiter: »Wegen einer einzigen Gans wird der König dich doch sicherlich nicht töten lassen. Komm, wir wollen eine Gans

schlachten und sie zusammen essen!« Da schlug der Jüngling vor: »Wenn ich für dich eine Gans schlachten soll, mußt du mir einen Kuß geben!« – »Warum nicht«, rief der Wesirssohn und gab ihm den Kuß. »Und jetzt wirst du als Ausgleich dafür eine Gans schlachten!« – »Für einen einzigen Kuß schlachte ich doch keine Gans«, warf der Jüngling ein. »Wenn ich das wirklich tun soll, dann mußt du mir schon einmal zu Willen sein!« Da dachte der Wesirssohn bei sich: »Was macht das schon, hier ist ja niemand, der mich sehen kann!« Also öffnete er seine Hosen, und als der Jüngling sein Geschäft beendet hatte, forderte er ihn wieder auf: »Steh auf und schlachte die Gans!« – »Jetzt«, rief der Jüngling, »werde ich mich beschweren gehen, daß der Wesirssohn mir mit Gewalt eine Gans abnehmen wollte!« Da sah der Wesirssohn ein, daß es weiter keinen Zweck hatte und stieg geschlagen auf sein Pferd und ritt weg. Er berichtete der Prinzessin: »Ich selbst konnte diesem Verfluchten keine Gans abluchsen. Da er ja aber in dich verliebt ist, versuch du selbst es doch. Vielleicht kannst du eine Gans von ihm erhalten.«
Die Prinzessin war einverstanden und begab sich am nächsten Tag zu der Hütte. Auf die Frage des Jünglings, was sie denn wolle, sagte sie nur: »Ich möchte einmal nach dem Rechten schauen. Jetzt aber bin ich hungrig. Was hast du denn zu essen da?« – »Brot und Buttermilch«, bot der Jüngling an. – »Brot und Buttermilch? Kann man das denn auch essen?« fragte die Prinzessin ganz entsetzt. – »Mehr habe ich nicht da«, entgegnete der Jüngling, »das ist alles, was mein Vater mir täglich bringt.« – »Dann steh auf, schlachte eine von diesen Gänsen und brate sie für mich, damit wir sie zusammen essen.« – »Sicher«, meinte der Jüngling. »Wenn du es willst, werde ich eine Gans schlachten. Aber du weißt, daß dein Vater mich dann tö-

ten lassen wird. Also gib mir wenigstens vorher einen kleinen Kuß. Einen Kuß von deinen Lippen, die wie Edelsteine und Perlen glänzen – was sollte ich da noch machen! Oder gibst du mir vielleicht sogar zwei oder drei oder vier?« Die Prinzessin war einverstanden und dachte bei sich: »Wenn ich auf diesem Weg an eine Gans gelange, dann soll er mich ruhig küssen dürfen.« Als der Jüngling sie aber küßte, sagte er zu ihr: »Du weißt, daß dein Vater mich töten lassen wird, wenn ich eine Gans schlachte. So sei du ein wenig bereit, mich mit dir mein Spiel treiben zu lassen. Wenn der König mich dann töten lassen wird, so ist wenigstens kein unerfüllter Wunsch in meinem Herzen zurückgeblieben.« Damit sie ihr Ziel erreiche, ihn töten zu lassen, gab die Prinzessin notgedrungen nach und ließ ihn mit sich das Liebesspiel treiben. Dann stand sie auf und ergriff eine Gans, um sie zu schlachten. Er aber rief ihr zu: »Du Verfluchte! Ich lasse nicht zu, daß du eine Gans schlachtest! Das eine, was du mir gegeben hast, war gerade genug!« Da erhob sich die Prinzessin und lief schnell wie ein angeschossener Bär davon.
Am nächsten Tag war der vierzigste Tag. Da trieb der Jüngling alle vierzig Gänse zusammen zum Wesir, um sie ihm wieder zu übergeben. Der Wesir mußte zugeben, daß weder die Anzahl der Gänse weniger geworden war, noch daß sie fetter oder magerer geworden waren. Da fragte ihn der König: »Was sollen wir denn jetzt machen?« – »Zu Diensten, Majestät!« erwiderte der Wesir. »Ich werde dem Jüngling eine neue Aufgabe stellen!« Zu dem Jüngling sprach er: »Ich werde dir einen Sack mit Walnüssen geben, die sollst du zählen und gleichzeitig deine Erlebnisse erzählen. Ist deine Lebensgeschichte zu Ende, wenn noch Walnüsse da sind, so werde ich dich töten lassen, sind aber die Walnüsse zu Ende, bevor du fertig bist, so erhältst du

das Badegeld der Prinzessin.« Der Jüngling war einverstanden, und man brachte einen großen Sack mit Walnüssen. Sodann setzte sich der Jüngling säuberlich im Schneidersitz nieder und erzählte bei jeder Nuß einen Satz: »Ich bin der Sohn eines Holzfällers – He, Wesir, nimm dich in acht vor den Walnüssen! Einmal kam ich nach Hause und sagte, daß ich hungrig sei – He, Wesir, nimm dich in acht vor den Walnüssen! Meine Mutter sagte, es sei kein Brot da – He, Wesir, nimm dich in acht vor den Walnüssen! Da nahm ich den Stock und schlug meine Mutter – He, Wesir, nimm dich in acht vor den Walnüssen! Mein Vater kam und schlug mich – He, Wesir, nimm dich in acht vor den Walnüssen! Am nächsten Tag ging ich mit zum Holzfällen – He, Wesir, nimm dich in acht vor den Walnüssen! Ich kam zum Schloß des Königs – He, Wesir, nimm dich in acht vor den Walnüssen! Ich verliebte mich in die Prinzessin – He, Wesir, nimm dich in acht vor den Walnüssen! Ich schickte meinen Vater als Brautwerber – He, Wesir, nimm dich in acht vor den Walnüssen! Der Wesir übergab mir vierzig Gänse, die ich zur Weide führen sollte – He, Wesir, nimm dich in acht vor den Walnüssen! Als ich auf der Weide war, kam der Wesirssohn und sagte, ich solle eine Gans schlachten – He, Wesir, nimm dich in acht vor den Walnüssen! Ich sagte, er solle mir einen Kuß geben, damit ich sie schlachte – He, Wesir, nimm dich in acht vor den Walnüssen! Der Wesirssohn sagte, er sei einverstanden – He, Wesir, nimm dich in acht vor den Walnüssen! Er sagte, ein Kuß sei doch nicht weiter schlimm – He, Wesir, nimm dich in acht vor den Walnüssen! Ich sagte, wenn er wolle, daß ich die Gans schlachte, dann müsse er schon ...« Da merkte der Wesir, daß er gleich erzählen werde, wie er seinen Willen an dem Wesirssohn gehabt habe und rief: »Die Walnüsse sind zu Ende!« Der Jüngling

aber meinte: »Ich bin mit meinen Erlebnissen noch nicht fertig!« – »Das ist schon gut so«, erwiderte der Wesir. »Als Ausgleich hierfür erhältst du das Badegeld der Prinzessin. Als Gegenleistung für das Brautgeld der Prinzessin sollst du jetzt gehen und eine unterirdische Lehre machen.«
Der Jüngling akzeptierte diese Bedingung und ging hinaus. Sein Vater aber begann zu klagen: »Was soll ich denn jetzt wohl mit dir machen? Soll ich etwa ein Grab graben und dich da hineinlegen?« Sein Sohn aber meinte: »Das wirst du nicht tun. Der König verlangt so etwas sicherlich

nicht ohne Grund. Es muß eine Möglichkeit geben, den Auftrag des Königs zu erfüllen.« Und wieder dachte er sich: »Auf jeden Fall hat der König sich etwas dabei gedacht. Ich muß unbedingt gehen und die unterirdische Lehre machen.«
Als sie nach Hause gekommen waren, meinte die Mutter hierzu: »Ja, wißt ihr denn nicht, daß es einen Kilometer

von der Stadt entfernt eine Höhle gibt, in der ein Einsiedler lebt? Zu dem müßt ihr hingehen und ihn um Hilfe bitten. Er kann euch sicherlich einen Rat geben.« – »Sehr gut«, sagten Vater und Sohn, »so soll es sein.« Und zusammen verabschiedeten sie sich von der Mutter und verließen das Haus. Außerhalb der Stadt gingen sie ein Stück durch die Wüste, und nach einem Kilometer kamen sie zu jener Höhle. Sie gingen näher und fanden den Einsiedler im Gebet vertieft. Nachdem sie sich gegenseitig begrüßt hatten, fragte der Einsiedler: »Alterchen, was wollt ihr denn von mir?« – »Wir bitten Euch inständig«, sagte der Vater. »Wir sind zu Euch gekommen, damit Ihr uns beraten mögt, was es mit der unterirdischen Lehre auf sich hat.« – »Gut«, sprach der Einsiedler. »Wenn ihr von hier weitergeht, müßt ihr euch nach rechts halten, bis ihr an ein Meer kommt. Wenn ihr dort angelangt seid, müßt ihr rufen: ›Ouchasch!‹ Dann wird ein schwarzer Sklave aus dem Wasser auftauchen und euch fragen: ›Was wollt ihr von Ouchasch?‹ Darauf wirst du antworten: ›Nichts Besonderes! Meinen Sohn hier will ich ihm übergeben, damit er ihn mitnimmt und ihn in die unterirdische Lehre nimmt!‹«
So geschah es. Da erwiderte der Sklave: »Gut! Ich werde ihn zu Ouchasch bringen, damit er ihn in die Lehre nimmt.« Der Vater fragte noch: »Wann kann ich ihn denn wieder abholen kommen?« Hierauf entgegnete der Sklave: »Nach vierzig Tagen komm wieder hierher und hole ihn ab!« Und mit den Worten: »So geh denn in Gottes Namen!« übergab der Vater seinen Sohn dem schwarzen Sklaven. Dieser nahm ihn bei der Hand und verschwand mit ihm unter der Meeresoberfläche. Da begann der Vater zu weinen und zu klagen: »Mein Sohn! Mein Kind! Er ist im Wasser ertrunken, die Fische haben ihn gefressen, ein Wal hat ihn verschluckt!« So saß er bis zum Sonnenunter-

gang am Strand, dann erst ging er wieder nach Hause, wo er zu seiner Frau sprach: »Frau! Mit meiner eigenen Hand habe ich unseren Sohn ins Meer geworfen.« Die Frau aber beruhigte ihn mit den Worten: »Mach dir keine Sorgen! Derjenige, der unser Kind mitgenommen hat, ist doch selbst ein Mensch. So wie er nicht ertrunken ist, wird auch unser Sohn nicht ertrunken sein.«

Nun aber lassen wir diese beiden und schauen, wie es dem Sohn erging. Ouchasch hatte ihn ja mitgenommen und war mit ihm zum Meeresboden hinabgetaucht. Ouchasch nun hatte eine Tochter, der er den Jüngling anvertraute. Diese sah, daß er kahlköpfig war, und sogleich rief sie ihn zu sich und sagte: »Komm her, ich will deine Krankheit heilen!« Zwei Tage lang rieb sie seinen Kopf mit dem Heilöl des Salomo ein, und die Krankheit heilte. So wuchsen die Haare wieder und der Jüngling wurde sehr schön. Dann sprach sie zu ihm: »Was auch immer mein Vater dir in diesen Tagen beibringen wird, du mußt am Abend so tun, als habest du nichts verstanden. Denn wenn du es verstehen würdest, könntest du alles, und dann würde mein Vater dich nach Ablauf der vierzig Tage töten!« – »Gut«, sagte der Jüngling. So ging er tagsüber in die Lehre und lernte alles Mögliche. Wenn er aber abends danach gefragt wurde, antwortete er nur: »Das habe ich noch nicht gelernt!« Am vierzigsten Tag riet ihm das Mädchen: »Jetzt ist es gut! Geh wieder zu deinen Eltern!«

An eben diesem Tag sprach die Mutter zum Vater: »Mann! Geh und hole unser Kind aus dem Meer ab!« Der Alte aber entgegnete: »Frau! Bist du denn ganz verrückt geworden? Ich habe doch unseren Sohn mit meiner eigenen Hand ins Meer geworfen. Soll ich jetzt etwa ins Wasser gehen, um ihn zu holen? Er ist doch sicherlich ertrunken, erstickt, getötet worden. Ich kann nur noch schauen, welches Tier ihn denn gefressen hat!« Die Frau aber sagte nur: »Jetzt geh schon! Du wirst einfach wieder rufen: ›Ouchasch!‹, und wenn Ouchasch dann kommt, wirst du sagen: ›Ich bin gekommen, damit du mir meinen Sohn wiedergibst.‹ Jetzt geh schon!« Da sprach der Alte: »So will ich denn in Gottes Namen gehen!« Er ging zum Meer und rief: »Ouchasch!« Da kam Ouchasch aus dem Meer und fragte ihn: »Was willst du von Ouchasch?« Der Alte begrüßte ihn und antwortete: »Ich komme, um meinen Sohn zu holen!« Da entgegnete Ouchasch: »Warte hier, bis ich ihn dir bringe!« Kopfüber verschwand er im Meer und blieb eine volle Stunde weg. Nach Ablauf der Stunde tauchte er wieder mit dem Jüngling auf und sagte: »Hier, nimm deinen völlig vertrottelten Sohn zurück!« Da nahm der Vater den Sohn bei der Hand und ging mit ihm wieder nach Hause. Als sie zu Hause ankamen, umarmte die Mutter ihn und küßte ihn vor Freude.

Dann wandte sich der Jüngling seinem Vater zu und sagte: »Wenn wir heute geschlafen haben und du morgen aufstehst, wirst du in der Ecke des Hofes ein Maultier stehen sehen. Das nimm und verkaufe es für hundert Tuman. Aber verkauf auf keinen Fall das Zaumzeug.« So tat es der Vater: er verkaufte das Maultier und brachte das Zaumzeug wieder mit nach Hause. Am nächsten Abend sagte der Sohn: »Vater! Wenn du am Morgen aufstehst, wirst du in der Ecke des Hofes ein Fohlen stehen sehen. Nimm es und verkaufe es für hundert Tuman. Aber verkaufe auf keinen Fall das Zaumzeug!« So nahm der Vater am Morgen das Fohlen und verkaufte es. Am Abend sagte der Sohn wieder zu ihm: »Jetzt brauchst du nie mehr Holzsammeln zu gehen und wirst trotzdem jeden Tag hundert Tuman haben. Morgen, wenn du aufstehst, wirst du in der Ecke des Hofes einen hübschen ägyptischen Esel stehen

sehen. Den verkaufst du für hundert Tuman, aber bring das Zaumzeug wieder mit.«
Kurzum, so machten sie es einen ganzen Monat lang. Eines Tages aber dachte Ouchasch bei sich: »Wenn mich dieser verfluchte Junge bloß nicht betrogen hat. Ich werde heute einmal auf die Erde gehen und ein wenig herumspazieren um zu schauen, ob ich ihn vielleicht treffe, oder was aus ihm geworden ist.« An diesem Tag hatte sich der Jüngling gerade in ein hübsches Fohlen verwandelt. Als Ouchasch nun auf die Erde kam, sah er sogleich, daß der

Jüngling das Fohlen war, und nahm sich vor, es dem Vater abzukaufen. So verkleidete er sich als Kaufmann, ging hin und fragte: »Wie teuer soll das Fohlen sein?« – »Einhundert Tuman, mein Herr«, erwiderte der Vater. – »Billiger verkauft Ihr es nicht?« – »Nein!« – »Gut! Hier sind die hundert Tuman.« Und er überreichte ihm das Geld. Als der Vater aber das Zaumzeug abnahm, um es mitzunehmen, fragte er: »Was hast du denn mit dem Zaumzeug vor?« – »Das Fohlen habe ich verkauft«, erwiderte der Vater, »nicht das Zaumzeug!« – »Gut«, meinte Ouchasch. »Dann werde ich das Zaumzeug auch noch für zehn Tuman kaufen.« – »Ich verkaufe es nicht«, entgegnete der Vater. – »Dreißig Tuman.« – »Ich verkaufe es nicht.« – »Hundert Tuman.« – »Ich verkaufe es nicht.« Schließlich war der Preis bei eintausend Tuman angelangt, und als der Vater immer noch sagte: »Ich verkaufe es nicht«, versammelten sich die Leute um die beiden und sagten: »Was steckt denn da für ein Geheimnis dahinter. So ein schönes Fohlen verkaufst du für hundert Tuman und willst so ein altes schmutziges Zaumzeug für tausend Tuman nicht verkaufen?« Da blieb ihm nichts anderes übrig, als das Zaumzeug zu verkaufen. Dann ging er nach Hause. Ouchasch aber setzte sich rittlings auf das Fohlen, stieß ihm die Hacken in den Bauch und rief: »Du Miststück! Hast du bei mir etwa nichts gelernt?«

Als Ouchasch das Haus verlassen hatte, hatte sich seine Tochter schon gedacht, daß er den Jüngling sicherlich töten werde, wenn er ihn fände. So hatte sie alles, was es im Haus an Messern und Schneidewerkzeug gab, versteckt. Nun sah sie, wie ihr Vater mit dem Jüngling zusammen zurückkam, nur war der Jüngling ein Fohlen. Ouchasch sagte zu ihr: »Töchterchen! Hol mir meinen Dolch!« Sie ging, kam zurück und sagte: »Der Dolch ist nicht da.« – »Dann hol mir mein Schwert!« Wieder ging sie, kam zurück und sagte: »Es ist nicht da.« – »Dann hol mir ein Messer aus der Küche!« Noch einmal ging sie, kam zurück und sagte: »Es ist nicht da!« – »Hier, halte einmal das Zaumzeug fest«, sagte da ihr Vater, »ich werde selbst gehen und etwas holen!« Das Mädchen ergriff die Zügel und ihr Vater ging, um ein Messer zu holen. Hastig rief sie da dem Jüngling zu: »Verschwinde schnell von hier! Wenn er jetzt wiederkommt, wird er dich sicherlich töten!« – »In was soll ich mich denn verwandeln?« fragte der Jüngling. »Verwandle dich in eine Taube und flieg weg von hier«, riet ihm das Mädchen. Also verwandelte sich der Jüngling in eine Taube und flog weg. Das Mädchen aber zerkratzte sich mit den Fingern das Gesicht, und als ihr Vater zurückkam und fragte, wo das Fohlen sei, entgegnete sie: »Es hat mich im Gesicht gekratzt und ist geflohen.« – »Du verfluchtes Weib«, rief da ihr Vater, »in was hat er sich denn verwandelt?« – »In eine Taube hat er sich verwandelt und ist weggeflogen.« Da verwandelte sich Ouchasch in einen Falken und flog der Taube hinterher.

Als der Jüngling sah, daß Ouchasch ihn verfolgte und ihn bald einholen würde, verwandelte er sich in eine Gazelle und floh weiter. Ouchasch aber verwandelte sich in einen Wolf und verfolgte ihn weiter. Wieder sah der Jüngling, daß der Wolf ihn bald einholen würde, da verwandelte er sich in einen Panther und lief weiter. Ouchasch aber verwandelte sich in einen Löwen und setzte die Verfolgung fort. Die Menschen vor der Stadt flohen in Angst und Schrecken vor ihnen und schrien: »Die wilden Tiere kommen!« Die beiden aber liefen in der Gestalt, in der sie waren, in die Stadt hinein, während die Leute in heller Aufregung vor ihnen flohen und immer riefen: »Panther und Löwe sind in der Stadt!« Da plötzlich verwandelte sich der Panther in eine Krone und ließ sich auf dem Haupt des Königs nieder, der Löwe aber verwandelte sich in einen Derwisch. Dieser ließ sich vor dem König nieder, begann auf seiner Flöte zu spielen und spielte eine so schöne Melodie, daß es dem König sehr gut gefiel. So fragte er ihn: »Du, Derwisch! Was begehrst du von mir als Lohn für dein Lied?« – »O Mittelpunkt der Welt«, erwiderte der Derwisch, »ich begehre diese Krone, die sich auf deiner

anderen Krone niedergelassen hat.« Hierauf aber entgegnete der König: »Diese Krone, die aus dem Nichts gekommen ist und sich auf meiner Krone niedergelassen hat, werde ich dir nicht geben. Alles andere, was du begehrst, sollst du erhalten.« Da begann der Derwisch ein zweites Mal, Flöte zu spielen, worauf der König sprach: »Derwisch! Du hast dir großes Verdienst erworben. Jetzt sage mir, was du von mir begehrst!« – »O Mittelpunkt der Welt, möget Ihr immer in Frieden leben«, erwiderte der Derwisch. »Außer dieser Krone, die sich auf Eurer Krone niedergelassen hat, verlange ich nichts.«
Da sah der König keine andere Möglichkeit und sprach: »Lieber wäre es mir, du würdest meine eigene Krone verlangen als diese, aber ich muß sie dir wohl geben.« So ergriff er die Krone mit den Händen, um sie ihm zu übergeben, da verwandelte sich die Krone plötzlich in einen Granatapfel, der dem König in den Schoß fiel. Da kniete der Derwisch ein weiteres Mal nieder und spielte eine weitere Melodie auf der Flöte. Als der König ihn wiederum fragte, was er sich von ihm wünsche, antwortete der Derwisch: »Diesen Granatapfel, der in Eurem Schoß liegt.« Als der König aber den Granatapfel aufheben wollte, um ihn zu überreichen, fiel er hin und zerplatzte. Sogleich verwandelte sich der Derwisch in einen Hahn und begann, die einzelnen Körner aufzupicken. Das eine Korn aber, welches der Jüngling war, verwandelte sich in einen Schakal, der den Hahn mit den Zähnen zerriß. Der König war über all dieses sehr verwundert und fragte sich, was das alles solle, was das für ein Leben sei: Zuerst kommen wilde Tiere, die die Leute in Angst und Schrecken versetzen; dann – was war das für ein Krone gewesen? Wer war der Derwisch? Warum hatte er sich in einen Hahn verwandelt? Warum war der Granatapfel geplatzt? Woher war der

Schakal in den Palast gekommen? Und was waren das überhaupt für merkwürdige Vorkommnisse?

Als der Schakal weglaufen wollte, befahl er, ihn festzuhalten und redete ihn an: »Bei dem Gott, den du verehrst! Bist du eine Fee, bist du ein Mensch, bist du ein Geist! Was auch immer du sein mögest, offenbare dich mir!« Da ging der Schakal etwas auf die Seite und verwandelte sich in den Jüngling. Dieser trat vor, verschränkte artig die Arme zum Gruß und sprach zum König: »Ich bin jener Jüngling, zu dem Ihr gesagt habt, er solle in die unterirdische Lehre gehen. Das, was Ihr soeben gesehen habt, war nur eine Probe davon. Jetzt steht Euch die Entscheidung frei, o Mittelpunkt der Welt! Wollt Ihr mir Eure Tochter geben, wollt Ihr sie mir nicht geben – das ist Eure Entscheidung!« Der König sah, daß jener häßliche Kahlkopf, den er früher gesehen hatte, sich von diesem hübschen Jüngling in Gesicht und Figur sehr unterschied, und so willigte er in die Hochzeit ein. Er befahl, die Stadt zur Hochzeit zu schmücken, nahm dann die Hand seiner Tochter und legte sie in die Hand des Jünglings. Da sprach der Jüngling zur Prinzessin: »Nun, du hübscher Liebling! Gefällt dir diese Hochzeit besser als eine Hochzeit in der Hütte?« – »Du Schelm«, erwiderte sie, »so hast du deinen Willen doch erreicht.«

Und genauso, wie jene beiden zur Verwirklichung ihres Herzenswunsches gelangten, mögen alle ihren Herzenswunsch erfüllen können.

Das Basilikummädchen

Es war einmal ein Kaufmann, der hatte eine Tochter, die hieß Fateme. Fateme ging noch in die Schule. Das Haus ihrer Eltern lag Wand an Wand zusammen mit dem Schloß des Königs.

Eines Tages nun ging der Prinz einmal im Garten spazieren, da sah er nebenan ein sehr schönes und hübsches Mädchen, das im Garten die Blumen goß. Als die anderen Kinder nach ihr riefen, lernte er auch ihren Namen kennen. Der Prinz wollte ein wenig mit ihr scherzen, und da im Garten viel Basilienkraut angepflanzt war, rief er zu ihr: »Fateme, wie teuer ist denn ein Bund von dem Basilienkraut?« Das Mädchen hob den Kopf und rief zurück: »Prinz, wie teuer sind die Sterne am Himmel?«

Da ging der Prinz zum Lehrer des Mädchens und bat ihn: »Hilf mir, daß ich dem Mädchen einen Kuß geben kann, ohne daß es dies vorher merkt.« – »Das ist nicht weiter schwierig«, erwiderte der Lehrer. »Morgen kommst du und versteckst dich im Lagerraum in einer Kiste.« Der Prinz war einverstanden und versteckte sich am nächsten Tag in einer Kiste. Als das Mädchen am Morgen in die Schule kam, hatte der Lehrer gerade einen Topf mit Suppe aufgetragen und sagte zu ihr: »Fateme, lauf schnell in den Lagerraum und hole mir von dem hintersten Regal die Suppenkelle.« Das Mädchen lief schnell und holte die Suppenkelle. Gerade wollte sie den Raum wieder verlassen, als plötzlich der Prinz hinter der Tür hervorsprang und ihr einen Kuß gab.

Am Nachmittag, als das Mädchen im Garten wieder das Basilienkraut begoß, rief der Prinz vom Dach seines Hauses hinunter: »Fateme, wie teuer ist ein Bund von dem Basilienkraut?« – »Und wie teuer sind die Sterne am Himmel, Prinz?« rief das Mädchen zurück. Der Prinz aber fuhr fort: »Wie teuer sind denn Küsse im Lagerraum?« Da senkte das Mädchen den Kopf und sagte nichts mehr. Am nächsten Morgen stand sie auf, nahm zwei Milchschläuche und band einen davon um ihren Körper, den anderen um den Kopf. Außerdem ergriff sie eine Mohr-

rübe und einen Stößel. Dann band sie sich noch drei, vier Glöckchen um Hände und Füße und versteckte sich so in einer Abstellkammer des öffentlichen Badehauses. Als der Prinz kam und sich in den Umkleideraum begab, kam sie mit Klingeln und Läuten aus der Abstellkammer hervor. Der Prinz meinte, ein Dämon mit Hörnern und einem Schwanz käme mit Klingeln und Läuten auf ihn zu und rief aus lauter Angst: »Wer bist du?« Das Mädchen antwortete: »Ich bin Azra'il, der Todesengel. Ich bin gekommen, um deine Seele zu holen.« – »Ich bin noch jung, o Azra'il«, rief da der Prinz, »erbarme dich meiner!« – »Dein Leben ist zu Ende«, rief das Mädchen. So bat der Prinz: »Dann gewähre mir wenigstens etwas Frist, damit ich zurück in mein Haus gehen kann.« – »Wenn du Frist haben willst«, sagte das Mädchen, »dann mußt du es zulassen, daß ich dir die Spitze von dieser Mohrrübe in den Hintern stecke.« Notgedrungen gab der Prinz nach: »Gut, tu dies. Das ist immer noch besser, als wenn du meine Seele nähmest.« Also steckte das Mädchen dem Prinzen die Mohrrübe in den Hintern und gab noch einen Schlag mit dem Stößel darauf. Dann verließ sie unter Klingeln und Läuten wieder das Badehaus.

Am nächsten Tag ging sie wieder in die Schule. Als der Prinz dann am Nachmittag wieder auf dem Dach des Hauses stand, sah er, wie Fateme das Basilienkraut mit Wasser begoß. Da rief er zu ihr hinunter: »Fateme, wie teuer ist ein Bund von dem Basilienkraut?« Sie erwiderte: »Prinz, und wie teuer sind die Sterne am Himmel?« Er rief weiter: »Fateme, wie teuer ist denn ein Kuß im Lagerhaus?« Worauf sie entgegnete: »Prinz, und wie teuer ist es, dir eine Mohrrübe in den Hintern zu stecken?« Da rief der Prinz: »Du Verfluchte! Das warst also du, die da Vergeltung geübt hat.«

Kurz darauf schickte der Prinz einen Brautwerber, der für ihn um die Hand des Mädchens anhielt, und seine Eltern waren es zufrieden. Das Mädchen aber ging zu einem Schreiner und sagte: »Ich brauche eine hölzerne Puppe, die genau wie ich aussehen soll. Sie soll Rollen unter den Füßen haben und sitzen und stehen können.« Dann ging sie zu einem Maler und trug ihm auf, ein Bild von sich zu malen. Weiter ging sie zum Schneider und sagte zu ihm: »Von jedem Kleid, das du für mich zur Hochzeit anfertigst, brauche ich zwei Stück, die genau gleich aussehen.« Dann nahm sie einen kleinen Schlauch voll Sirup und versteckte ihn in der Brust der Puppe.

Am Hochzeitsabend zog sie der Puppe ein Kleid an, das genauso aussah wie ihres. Sie versteckte die Puppe bis zu dem Augenblick, nachdem man die Hände von Braut und Bräutigam ineinander gelegt hatte. Darauf verließ der Bräutigam kurz das Zimmer, und das Mädchen versteckte sich. An seine Stelle setzte es aber die hölzerne Puppe. Als der Prinz wieder in das Zimmer zurückkam, sah er, daß außer ihm und der Puppe niemand mehr da war. Da sagte er zu ihr: »Fateme, wie teuer ist ein Bund Basilienkraut?« Die Puppe bewegte den Kopf und antwortete: »Prinz, wie teuer sind die Sterne am Himmel?« – »Und wie teuer ist ein Kuß im Lagerhaus?«, erwiderte der Prinz. Aber die Puppe entgegnete nochmals: »Wie teuer ist es denn, dir eine Mohrrübe in den Hintern zu stecken?« Da wurde der Prinz wütend und schrie: »Du Verfluchte! Du warst es, die mir die Mohrrübe in den Hintern gesteckt hat!« Darauf ergriff er ein Messer und stach es ihr in den Bauch, so daß der Sirupschlauch zerschnitten wurde und der ganze Sirup auf den Boden des Zimmers ausfloß. Weil er so wütend war, streckte er einen Finger aus und kostete von dem Blut, da schmeckte er, daß es ganz süß war. Da rief er aus: »Nein, so etwas, Fateme! Du bist so süß, und dein Blut ist so süß. Aber was soll ich denn jetzt deinem Vater und deiner Mutter zur Antwort geben. Es ist wohl das beste, wenn ich mich gleich selbst umbringe.« Gerade hatte er schon das Messer ergriffen, um es sich selbst in den Bauch zu stechen, da nahm Fateme von hinten seine Hand und sagte: »Tu es nicht, denn ich lebe ja!« Darüber war der Prinz so erfreut, daß er am Abend sogleich in der ganzen Stadt ein Fest feiern ließ.

Und genauso, wie diese beiden das Ziel ihrer Wünsche erlangten, mögen es alle Freunde erreichen!

Die Schöne aus Kristall

Einer war, einer war nicht – außer Gott war niemand. Es war einmal ein Mann, der war ein Kaufmann. Dieser Kaufmann hatte keine Kinder. Eines Tages nun war er gerade auf einer Reise in Europa, da sah er beim Vorbeigehen in einem Geschäft, daß man dort eine Puppe aus Kristallglas gemacht hatte, die konnte sowohl sitzen als auch stehen. Und unter den Füßen hatte man Rollen angebracht, daß sie sogar laufen konnte. Der einzige Fehler der Puppe war, daß sie keine Zunge zum Sprechen hatte.
Der Kaufmann dachte bei sich: »Ich habe doch keine Kinder. So wäre es ganz gut, wenn ich diese Puppe kaufte und sie anstelle eines Kindes meiner Frau als Reisegeschenk brächte.« So kaufte er also die Puppe, und nachdem er auch all die anderen Sachen gekauft hatte, die er besorgen wollte, packte er alles zusammen in eine Kiste und fuhr zurück. Zu Hause angekommen, sagte er zu seiner Frau: »Komm her, ich habe dir eine Tochter mitgebracht!« Die Frau schaute sich die Puppe an und fragte: »Woher hast du denn dieses Mädchen?« – »Ich habe hundert Tuman dafür gezahlt und es gekauft«, antwortete der Kaufmann. »Sehr schön«, meinte die Frau. »Jetzt muß ich ihr aber ein eigenes Zimmer zurechtmachen und sie mindestens einmal am Tag besuchen.« – »Gib ihr doch das Zimmer, das an der Straßenseite liegt«, sagte der Kaufmann, »dann freuen wir uns beide jedesmal, wenn wir sie oben sehen!«
Die Frau kehrte das Zimmer sauber, breitete einen Teppich aus und versah das Zimmer mit allem, was nötig war. Dann setzte sie die gläserne Puppe auf ein Sofa an dem Fenster, das zur Straßenseite hinausging. Jetzt meinte jeder, der auf der Straße vorbeiging, daß dort ein junges Mädchen sitze; und jeder junge Mann, der vorbeikam,

verliebte sich sofort in sie und achtete nicht mehr darauf, daß sie aus Kristallglas war. So wurde die Tochter des Kaufmannes so berühmt, daß man sagte, sie habe auf der ganzen Erde kein Ebenbild.

Dies kam dem Königssohn zu Ohren. Der Sohn des Wesirs hatte ihm erzählt, daß er an demunddem Platz ein Mädchen gesehen habe, welches auf der Welt ohne Ebenbild sei. So ließ der Prinz sich genau den Ort beschreiben, um selbst hinzugehen und sie sich anzuschauen. Der Wesirssohn beschrieb ihm, wo das Haus des Kaufmanns lag, und der Prinz erbat von seinem Vater die Erlaubnis, auf die Jagd gehen zu dürfen. Auf dem Rückweg von der Jagd kehrte er auf dem Weg zurück, den ihm der Wesirssohn beschrieben hatte und kam so am Haus des Kaufmannes vorbei. Dort sah er die Puppe am Fenster sitzen. Nicht mit einem – nein, mit hundert Herzen verliebte er sich in sie und zog einen Ring vom Finger, den er ihr zuwarf. Zufällig fiel dieser Ring genau auf den Ringfinger des Mädchens.

Nachdem der Prinz den Ring geworfen hatte, kehrte er nach Hause zurück. In der Nacht aber konnte er nicht schlafen, sondern sprach immer laut Liebesverse vor sich hin: »Ich verbrenne, ich verbrenne in Liebe nach dir. Ich war roh, jetzt bin ich reif und gar – ich verbrenne. Du sitzt ganz ruhig da, und ich verbrenne in Liebe nach dir.« Bald danach wurde er krank. So viele Ärzte man auch holte, die ihn mit Arzneimitteln behandelten, seine Krankheit wurde immer schlimmer. Nur einer der Diener am Hofe des Königs sprach zu diesem: »Majestät! Ich sehe in den Augen dieses Jünglings die Liebe. Er ist nicht wirklich krank, seine Krankheit ist vielmehr die Liebe.« – »Was ist denn schon dabei!« rief der König. »Dann frag ihn, wer es ist, die er liebt. Ich werde sie für ihn herbeiholen, sei es

auch die Tochter eines anderen Königs. Und wenn ich sie nicht auf friedlichem Wege holen kann, dann werde ich sie eben mit Gewalt holen. Schließlich habe ich nur diesen einen Sohn.«
So schickte man den Ratgeber zur linken Seite des Königs zu dem Jüngling. Unter dem Vorwand, sich nach seiner Gesundheit zu erkundigen, gewann er nach und nach das Vertrauen des Prinzen. »Mein Sohn«, sagte er, »ich glaube nicht, daß Ihr wirklich krank seid. Möge Gott es nicht zulassen, daß Ihr je krank werdet. Ich selbst war auch einmal jung, und mir ging es ebenso wie Euch. Ich selbst wurde auch von diesem Schmerz geplagt. Ich selbst war auch einmal jung und weiß, wie es um diese Dinge steht. Ich war auch verliebt und geplagt, und es war sehr schwer für mich, ans Ziel meiner Wünsche zu gelangen. Ihr aber seid der Prinz und der Sohn des Königs. Warum plagt Ihr Euch? Welche Königstochter im Osten oder Westen würde man Euch denn nicht zur Frau geben wollen? Warum plagt Ihr Euch und seid so krank, daß Ihr schwach und blaß werdet? Eröffnet mir das Geheimnis Eures Herzens und ich werde für Euch tun, was ich kann!« Da packte der Prinz den Wesir an seinem Gewand und rief: »Was sagst du da, Wesir! Nicht ich allein bin diesem Schmerz verfallen. Tausende und Abertausende leiden so wie ich!« Aber der Wesir entgegnete nur: »Was kümmert es Euch denn. Erzählt mir nur, wessen Tochter sie ist und wo sich ihr Haus befindet.« So beschrieb ihm der Prinz genau die Lage des Hauses, und sogleich erhob sich der Wesir mit den Worten: »Ich gehe gleich, um alles für Euch in Ordnung zu bringen. Sorgt Euch nicht weiter und macht Euch keine Gedanken!« – »Wenn du wirklich gehst und alles für mich in die Wege leitest«, erwiderte der Prinz, »dann stehe ich auch vom Krankenlager auf.«

Nun begab sich der Wesir zum König und berichtete ihm: »Majestät! Euer Sohn ist wirklich verliebt.« – »Sehr gut«, erwiderte der König, »hast du ihn denn auch gefragt, welches Mädchen er begehrt?« – »Sicherlich, Majestät!« antwortete der Wesir. »Es ist eine Kaufmannsfamilie, mit der er sich verbinden will.« – »Sehr gut«, sagte der König, »dann geht direkt heute zur Brautwerbung dorthin!« So ging der Wesir nach Hause und vereinbarte mit seiner Frau, daß sie zusammen mit ihrer Schwester zur Brautwerbung gehen sollte.

Als die Frau des Kaufmannes verstanden hatte, daß sie beide als Brautwerber gekommen waren, sagte sie: »Ach, leider haben wir keine Kinder! Wenn wir Kinder hätten, welche Ehre könnte größer für uns sein, als den Sohn des Königs zum Schwiegersohn zu haben. Aber leider hat Gott uns keine Kinder geschenkt!« Da gingen die beiden zurück zum König und berichteten ihm, daß die Frau des Kaufmanns ihnen erzählt habe, sie hätten keine Kinder, denn Gott hätte ihnen keine geschenkt. Sogleich begab sich der Wesir zum Prinzen und sprach: »Mein Kind! Dieser Händler, den du beschrieben hast, behauptet, daß er keine Kinder habe.« Der Prinz aber rief: »Er lügt! Der Beweis ist doch, daß ich dem Mädchen meinen Ring zugeworfen habe und sie ihn an ihren Finger gesteckt hat. Der Kaufmann aber sagt zu jedem, der als Brautwerber zu ihm kommt, daß er keine Kinder habe. Er gibt jedem die gleiche Antwort, aber er lügt. Wie sonst hätte ich dem Mädchen meinen Ring zuwerfen können, und wie sonst hätte sie ihn an ihren Finger stecken können?« – »Sehr gut«, entgegnete der Wesir, »ich werde jetzt selbst gehen und alles in Ordnung bringen. Du aber mach dir keine Sorgen. Wenn sie das Mädchen nicht freiwillig hergeben wollen, dann werden wir sie mit Gewalt nehmen!«

So ging der Wesir abermals zu dem Kaufmann und sprach: »Vorsteher der Kaufleute!« – »Ja, Exzellenz!« erwiderte der Kaufmann. – »Wir gehören nicht zu denjenigen«, fuhr der Wesir fort, »die daran glauben, wenn du sagst, daß du keine Tochter hättest, und ohne ein weiteres Wort weggehen. Vielmehr ist es doch so, daß deine Tochter am Fenster saß und der Prinz, als er dort vorbeikam, ihr seinen Ring zugeworfen hat, den das Mädchen sogleich an seine Hand gesteckt hat.« Da überlegte der Kaufmann eine Weile und sprach bei sich: »Sicherlich ist eine von unseren Bediensteten am Fenster gewesen, und die hat der Königssohn gesehen.« Und zum Wesir sagte er: »So geduldet Euch eine Weile. Ich will nach Hause gehen und die Angelegenheit erforschen.« – »Soviel sollt Ihr wissen«, entgegnete der Wesir, »wer auch immer den Ring des Königssohnes an seinem Finger hat, gehört ihm!« – »Selbstverständlich«, erwiderte der Kaufmann und ging nach Hause.
Zu Hause fragte er seine Frau: »Ist irgendeine von den Bediensteten des Hauses oben gewesen?« – »Nein«, antwortete die Frau. »Gib mir den Schlüssel«, sagte der Kaufmann, »ich will selbst gehen und mich überzeugen.« Er ging nach oben und öffnete die Tür. Als er eintrat, sah er, daß der Ring des Königssohnes am Finger der Kristallpuppe steckte. Da ging er wieder nach unten und sagte zu seiner Frau: »Uns hat ein Unglück befallen!« – »Das ist alles deine Schuld«, antwortete seine Frau. »An dem Tag, an dem du ihren Stuhl neben das Fenster gestellt hast, habe ich dir da nicht gesagt, du sollest ihn auf die andere Seite des Zimmers stellen!« – »Nun können wir nichts mehr machen«, erwiderte der Kaufmann, »nun gibt es keinen anderen Ausweg, als daß wir ihm die Puppe geben und er sie mitnimmt.«
Als der Wesir am nächsten Tag zum Laden des Kaufman-

nes kam, um seine Antwort zu hören, sagte er zu ihm: »Bei Gott, dieses Mädchen, das den Ring an seinem Finger hat, ist nur eine Puppe. Sie hat keine Zunge, um zu sprechen und keine Ohren, um zu hören.« Der Wesir aber entgegnete: »Was geht dich das an? Trotz all dieser Fehler, die du beschreibst, will der Königssohn sie haben!« – »Nun denn«, sagte der Kaufmann, »dann wollen wir den Hochzeitsvertrag aufsetzen.« Und sie handelten um die Brautgabe, wie das üblich ist.

Nun hatte die Schwester der Frau des Kaufmanns eine sehr hübsche Tochter. Diese brachte man hinzu als Zeugin für die Unterzeichnung des Heiratsvertrages. Auch am Hochzeitstag begleitete sie den Brautzug, mit dem Vater und Mutter die Braut zum Hause des Bräutigams brachten. Dort sagte der Kaufmann zum Wesir: »Dieses Zim-

mer, in dem wir jetzt sind, soll niemand betreten, bis der Königssohn selbst kommt. Hätte ich es so gewollt, dann hätte ich tausend und abertausend Männer finden können, die um meine Tochter geworben hätten. Nun aber will ich nicht, daß irgend jemand sie sieht.«
So teilte man dem König mit, daß er es nicht erlaube, daß irgend jemand die Braut sehe. »Nun gut«, erwiderte der König, »wenn er es nicht zuläßt, dann soll der Bräutigam allein zu ihr gehen.« So nahm der Wesir den Königssohn bei der Hand und geleitete ihn zu dem Zimmer, wo er ihn dem Kaufmann übergab mit den Worten: »Lege du selbst ihrer beiden Hände ineinander.« So ergriff der Kaufmann die Hand des Königssohnes und betrat mit ihm das Zimmer, wo er zu ihm sagte: »Mein Sohn! Wir wollten vor den Leuten nicht beschämt dastehen. Diese Puppe hier ist das Mädchen, welches deinen Ring am Finger trug!«
Nun hatte das Schicksal es so in die Wege geleitet, daß in eben diesem Augenblick der Königssohn die Nichte des Kaufmannes erblickte. Sie gefiel ihm so, daß er sich sogleich in sie verliebte und sprach: »Nun denn, ich bin einverstanden! Eine Zeitlang war diese Puppe deine Tochter, dann war sie meine Verlobte. Aber wenn mich jetzt jemand fragen wird, wer denn meine Frau sei, dann werde ich sagen: ›Dieses Mädchen ist meine Frau!‹, und die Puppe soll ihr gehören!«
So wurde die Tochter der Schwester des Kaufmanns die Frau des Prinzen und das Mädchen aus Kristallglas wurde ihre Puppe.

Prinz Dschamschids Abenteuer in der Unterwelt

Es war einmal ein König, der hatte drei Söhne: Prinz Dschamschid, Prinz Mahmud und Prinz Ibrahim. Im Garten dieses Königs stand ein Apfelbaum, der jedes Jahr drei Äpfel trug. Wenn nun die Äpfel im Herbst rot wurden, kam mitten in der Nacht jedesmal ein Dämon aus den Lüften, drehte sich im Kreise, pflückte die Äpfel und trug sie fort. Da rief der König einmal seinen ältesten Sohn, Prinz Ibrahim, zu sich und sprach zu ihm: »Heute nacht wirst du im Garten Wache halten. Wenn dann der Dämon kommt, um den Apfel mitzunehmen, wirst du dein Schwert zücken und ihm die Hand abschlagen!« Prinz Ibrahim verließ den König und ging zu dem Apfelbaum. Bis nach Mitternacht hielt er dort Wache, aber gegen Morgen wurden durch die lange Anstrengung seine Schritte schwer, so daß er zu Boden sank und einschlief. Als der Morgen gekommen war und die Sonne aufging, wachte er aus dem Schlaf auf. Da sah er, daß der Div dagewesen war, den ersten Apfel gepflückt und mitgenommen hatte. Aus Scham wagte er es nicht, zum König zu gehen, sondern begab sich sogleich zu seinem eigenen Haus.
Der König rief den zweitältesten Sohn, Prinz Mahmud, zu sich und sprach: »Dein Bruder hat es nicht vermocht, den ersten Apfel für mich zu bringen. Heute abend geh du und laß es nicht zu, daß der Div den zweiten Apfel mitnimmt!« Da pries der Prinz Mahmud seinen Vater und ging in den Garten. Dort ging er bis zur Mitte der Nacht unter dem Apfelbaum umher. Gegen Morgen aber wurde er wegen der langen Schlaflosigkeit bewußtlos und fiel auf den Boden. Sogleich kam der Div, pflückte ungehindert den Apfel und trug ihn fort.

Hierauf wurde der König sehr ärgerlich, ließ den dritten Sohn, Prinz Dschamschid, zu sich rufen, und sagte zu ihm: »Heute abend wirst du Wache halten. Du darfst es nicht zulassen, daß der Div auch den dritten Apfel stiehlt.« Prinz Dschamschid folgte seinem Befehl und begab sich zu dem Baum, wo er sogleich mit seinem Wachgang begann.

Als er in der Mitte der Nacht merkte, daß seine Augen vor Schlaflosigkeit zu brennen anfingen, zog er sogleich seinen Dolch und ritzte sich damit in die rechte Hand. In die Wunde streute er Pfeffer und Salz und ging weiter seine Wachrunde. Das Brennen der Wunde ließ ihn nicht in Schlaf fallen. Kurz vor Tagesanbruch kam auf einmal ein heftiger Windstoß, und mit ihm kam ein schwarzer Div. Der stieß einen Schrei aus und flog auf den Baum zu, um auch den letzten Apfel zu pflücken. Da zog Prinz Dschamschid sein Schwert aus der Scheide und schlug dem Div die Hand ab, worauf dieser aufheulte und unverrichteter Dinge und mit schmerzender Hand wieder durch die

Luft abzog. Als es Morgen geworden war, schickte der Prinz Dschamschid die abgehauene Klaue des Div zusammen mit dem roten Apfel auf einem goldenen Tablett zum König.
Der König war hierüber hoch erfreut und gab Befehl, die ganze Stadt zu schmücken. Die Freudentrommeln wurden geschlagen, und die öffentlichen Ausrufer verkündeten: »Nach soundsoviel Jahren hat endlich der Prinz Dschamschid den roten Apfel für seinen Vater gebracht. Dieser hat ihn dafür als Kronprinzen eingesetzt.«
Nach diesen Vorfällen vergingen einige Tage, da begaben sich die drei Brüder einmal auf die Jagd. Sie entfernten sich sehr weit von der Stadt, bis sie zu einem Brunnen kamen. Da sie sehr durstig waren, beschlossen sie: »Wir wollen bei einem von uns ein Seil am Gürtel befestigen, um ihn hinunterzulassen. Dann wollen wir sehen, ob es dort unten Wasser gibt, das er heraufgeben könnte.« Zuerst banden sie das Seil an Prinz Ibrahim und ließen ihn in den Brunnen hinunter. Als er aber in der Mitte des Brunnens angekommen war, rief er: »Ich verbrenne! Ich verbrenne!« Sie zogen ihn herauf und befestigten das Seil am Gürtel von Prinz Mahmud. Aber auch ihn hatten sie erst bis zur Mitte des Brunnens hinuntergelassen, als er rief: »Ich verbrenne, ich verbrenne!« Da zogen sie ihn wieder hoch. Darauf sagten die beiden Älteren zu Prinz Dschamschid: »Bruder! Du bist der Nachfolger des Königs. Du hast ihm den roten Apfel gebracht und die Klaue des Div abgehauen. Jetzt steige du also in den Brunnen hinab!« Sie befestigten das Seil an seinem Gürtel und ließen ihn in den Brunnen hinunter. So sehr er auch schrie: »Ich verbrenne, ich verbrenne!«, sie achteten nicht darauf. Vielmehr sagte Prinz Mahmud zu seinem Bruder Prinz Ibrahim: »Schneid das Seil durch und wirf es auf den Grund des Brunnens, damit

wir endlich von diesem üblen Bruder unsere Ruhe haben!« Also schnitten sie das Seil ab, und Prinz Dschamschid fiel auf den Grund des Brunnens. Dann zerrissen sich die zwei lügnerischen Brüder die Kleidung, streuten sich aus heuchlerischer Trauer Sand auf den Kopf und gingen so vor den König, wo sie sagten: »Hoheit, unser Vater! Wir haben Prinz Dschamschid in der Wüste verloren. Jetzt wissen wir nicht, ob ein Löwe ihn zerrissen oder ein Wolf ihn gefressen hat, oder was überhaupt mit ihm passiert ist – wir haben keine Nachricht davon.« Hierüber wurde der König sehr traurig, begann zu weinen und gab Befehl, die ganze Stadt in Schwarz zu kleiden.

Jetzt aber hört zwei Worte von Prinz Dschamschid: Als dieser auf den Grund des Brunnens gefallen war, sah er dort einen schwarzen Div mit abgehauener Hand liegen. Sein Kopf lag im Schoß eines Mädchens, das hübsch wie die helle Sonne war. Sobald das Mädchen den Prinzen Dschamschid erblickte, sprach es: »Du unglückliches Menschenkind! Wie kommt es nur, daß du auf den Grund des Div-Brunnens gefallen bist! Ich bin die Tochter des Königs von Indien. Dieser Div hat mich vor sieben Jahren entführt und mich zu diesem Brunnen gebracht, wo er mich gefangenhält. Sieben Tage und Nächte lang schläft er, dann wieder ist er sieben Tage und Nächte lang wach. Vor einigen Tagen war er in den Garten des Königs von China und Indochina geflogen, um von dort einen Apfel zu holen, aber er wurde verwundet und seine Hand wurde abgeschlagen. Wenn er wach wird und dich hier sieht, wird er dich in Stücke zerreißen!« Prinz Dschamschid aber erwiderte ruhig: »Du schönes Mädchen! Du kannst ja nicht wissen, daß ich der Sohn des Königs von China und Indochina bin. Ich bin es, der die Hand des Div abgeschlagen hat. Jetzt erzähle mir einmal, wieviel Tage lang dieser Div

noch schlafen wird.« – »Jetzt ist der fünfte Tag, seit er eingeschlafen ist«, antwortete das Mädchen. »Nach zwei weiteren Tagen wird er wieder aufwachen. In diesen zwei Tagen kannst du zu jenem alten Gebäude dort gehen und dich darin verstecken.« Das Mädchen griff mit der Hand unter den Fuß des Div und zog von dort einen eisernen Schlüssel hervor, den sie dem Prinzen Dschamschid gab, wobei sie ihm erklärte: »Nimm diesen Schlüssel und geh mit ihm sieben Schritte in der Gebetsrichtung. Beim siebten Schritt sprich laut: ›O Prophet Salomo!‹, dann wird sich vor deinen Augen ein Tor auftun. Wenn du hineingehst, kommst du in einen Hof. Dort ist alles, was du wünschst, für dich vorbereitet.« So wie sie ihm geraten hatte tat Prinz Dschamschid. Er trat in den Hof und sah, daß dort einige Zimmer bereitet waren. Essen und Trinken war aufgetragen und auch einige Betten waren hergerichtet. Prinz Dschamschid war sehr hungrig und durstig und auch erschöpft. Also aß und trank er zuerst reichlich, dann ließ er sich auf einem dieser Betten nieder und schlief vierundzwanzig Stunden an einem Stück. Da kam es ihm plötzlich in Erinnerung, daß ja der Div am nächsten Tag wieder erwachen würde. Schnell wie ein Funke sprang er auf, lief zu dem Mädchen hin und bat sie: »Wenn der Div aus seinem Schlaf erwacht, wird er mich vernichten. Hilf mir!« Das Mädchen erwiderte ihm: »Geh zurück in den Hof, in dem du eben warst, verstecke dich dort hinter der Tür und sei aufmerksam. Dann werden wir sehen, was passiert.« Prinz Dschamschid folgte ihrem Rat.
Am Morgen des siebten Tages ließ der Div ein lautes Gebrüll los und erhob seinen Kopf vom Schoß des Mädchens. Als er es anschaute, sprach er: »Du Niederträchtige! Ich rieche an dir den Geruch eines Menschen. Sag mir gleich, wo du ihn versteckt hast!« Das Mädchen erwiderte ruhig:

»Seit dem Tag, an dem du deine Hand abgeschlagen bekamst, bist du etwas verwirrt. Hast du denn nicht mehr daran gedacht, daß ein Mensch von hier bis zur Erdoberfläche ein ganzes Jahr lang braucht?« Der Div, der sehr in die Tochter des Königs von Indien verliebt war, glaubte ihren Worten und sprach: »Ja, du hast recht, ich bin wirklich etwas verwirrt. Aber jetzt werde ich zur Insel Ceylon fliegen, um meinen Bruder dort zu besuchen und zu schauen, wie es ihm geht. Ich werde dir von dort einen frischen Kokospalmenzweig mitbringen!« So sprach er und stieg darauf wie eine Rauchwolke nach oben.
Sobald das Mädchen dies sah, ging sie zu dem Gebäude, in welchem Prinz Dschamschid sich versteckt hatte. Sie ließ ihn wissen, daß der Div jetzt drei Tage und Nächte nicht wiederkommen werde, und daß sie sich vergnügen könnten. So ließen Prinz Dschamschid und das Mädchen es sich drei Tage und Nächte lang gutgehen. Am dritten Tag aber sprach Prinz Dschamschid: »Wenn heute der Div zurückkommt, und du willst, daß wir beide vor ihm Ruhe haben, dann mußt du ihn fragen, wo er seine Lebensflasche aufbewahrt. Denn wenn wir seine Lebensflasche finden können, brauchen wir uns weiter keine Sorgen zu machen.« Das Mädchen antwortete: »Das kann ich ihn fragen. Aber ich fürchte, daß der Div Verdacht schöpft und mich schlägt!« – »Keine Angst«, erwiderte Prinz Dschamschid, »der Div hat dich sehr gerne und wird so etwas gewiß nicht tun.«
Früh am nächsten Morgen verdunkelte sich der Himmel und ein stürmischer Regen kam auf. Inmitten von Wind und Regen kam der schwarze Div mit einem frischen Kokospalmenzweig von der Insel Ceylon zurück. Das Mädchen warf sich ihm zu Füßen und sagte schmeichlerisch: »Mein Liebling! Aus Sehnsucht nach dir wäre ich fast ge-

storben! Wie schön ist es, daß du wieder da bist. Wo warst du? Ich habe mir schon Sorgen um dich gemacht!« Der Div, dem diese Worte gefielen, legte seinen Kopf in den Schoß des Mädchens und sagte: »Jetzt will ich mich ein Weilchen ausruhen. Erzähle mir doch eine Geschichte, damit meine Müdigkeit verfliege.« So erzählte ihm das Mädchen eine Geschichte und streichelte seinen Kopf, und zwischendurch fügte sie ein: »Mein Liebling, mein Leben, mein Einziger! Ich habe eine Bitte an dich. Wenn ich sie dir sage, wirst du dann böse werden?« – »Sag mir nur alles, was du willst«, entgegnete der Div, »und ich werde es für dich besorgen, sei es die Seele eines Menschen oder auch Milch von einem Vogel. Ich habe doch in meinem ganzen Leben nichts außer dir, was mir das Herz erfrischt.« – »Dann sag mir doch«, fuhr das Mädchen fort, »wo sich deine Lebensflasche befindet.«
Als der Div diese Worte hörte, hob er seinen Kopf hoch und versetzte dem Mädchen eine schallende Ohrfeige. Hierbei rief er: »Du Niederträchtige! Wer hat dir denn das beigebracht, danach zu fragen?« Das Mädchen wurde vor lauter Schmerz ohnmächtig und fiel auf die Erde. Sogleich hatte der Div Mitleid mit ihr, fächelte ihr Luft zu, hob sie wieder auf die Beine und sagte: »Wenn du versprichst, das nicht noch einmal zu fragen, werde ich dir weiter nichts tun. Wenn aber nicht, dann werde ich dir gleich hier den Kopf abschlagen!« Das Mädchen, das gerade wieder zu Bewußtsein gekommen war, fing an zu weinen: »Also jetzt ist endlich klar geworden, daß du mich gar nicht lieb hast. Alles, was du bisher gesagt hast, war Lüge. Warum willst du mir denn nicht diese kleine Bitte erfüllen?« – »Was willst du denn machen, wenn du weißt, wo meine Lebensflasche ist«, fragte der Div. – »Ich bin doch weit entfernt von Mutter und Vater«, rief das Mädchen, »und

alles muß ich hier entbehren. Solange ich lebe, werde ich deine Dienerin sein. Warum verweigerst du mir denn diesen einen Wunsch?« Als der Div diese Worte hörte, hatte er Mitleid mit dem Mädchen und sprach zu ihr: »Aber du darfst das, was ich dir jetzt sage, auf keinen Fall einem Menschen mitteilen.« – »In diesem Brunnen ist doch kein Mensch, dem ich dies mitteilen könnte«, erwiderte das Mädchen. Darauf erklärte ihr der Div: »Unter meinem Fuß ist eine kleine Tür aus Stein. Diesen Stein muß man hochheben, dann sieht man 7 Treppenstufen, die zu einem eisernen Tor führen. Vor diesem Tor steht ein schwarzer Sklave, zu dem muß man sagen: ›Der Prophet Chadir verlangt nach dir!‹ , dann wird er zur Seite treten. Das Tor wird sich öffnen, und wenn man hineingeht, kommt man zu einem mit Blut gefüllten Becken. An der Seite dieses Beckens sitzen ein paar Tauben, die Wasser trinken. Unter ihnen ist eine Taube, die mit dem linken Fuß hinkt. Wenn man diese Taube fängt und ihr den Kopf abschneidet, dann findet man in ihr meine Lebensflasche.« Aus lauter Freude hierüber umarmte das Mädchen den Div und küßte ihn über und über, wobei sie rief: »Mein Liebling! Solange ich lebe, bin ich deine Dienerin!« Der Div fragte sie: »Wirst du mir denn jetzt dein Herz schenken. Jetzt, da du zufrieden bist, wirst du mich heiraten?« – »Sicher, sicher«, beruhigte ihn das Mädchen, »aber jetzt bist du doch erst einmal müde. Du bist ja gerade erst von einer Reise gekommen und morgen, übermorgen beginnt schon wieder deine Schlafenszeit. Schlaf doch diese sieben Tage wieder mit deinem Kopf in meinem Schoß. Wenn du dann wieder aufwachst, wollen wir Mann und Frau werden.« Hierüber freute sich der Div sehr, da das Mädchen ihm solches bis zu diesem Moment noch nie versprochen hatte. An einem der zwei Tage, an denen der Div noch wach war, ging er

hinaus und kam zurück mit Ketten von Perlen, Diamanten und Edelsteinen, die er dem Mädchen brachte, damit sie sich erfreue und ihn nach einer Woche heirate.
Kurzum, am Anfang der Woche begann die Schlafenszeit des Div, und er legte seinen Kopf in den Schoß des Mädchens und begann laut zu schnarchen. Als das Mädchen sicher war, daß er schlief, rief sie den Prinzen Dschamschid und teilte ihm alle Einzelheiten mit. Prinz Dschamschid holte der Anleitung gemäß die Lebensflasche des Div aus dem Kropf der hinkenden Taube. Am Tag, als der Div wieder aufwachen sollte, ging Prinz Dschamschid abends ganz langsam zu seinem Fuß, zog seinen Dolch und stach ihn in den Fuß. Der Div sagte nur: »Mädchen, schlag doch diese Fliege tot.« Sie aber achtete nicht darauf. Ein zweites Mal stach Prinz Dschamschid den Div in die Fußsohle, worauf dieser sogleich aufsprang und schrie: »Du Hinterhältige! Habe ich dir nicht gesagt, daß es nach einem Menschen roch? Jetzt werde ich euch beiden zusammen den Bauch aufreißen!« Prinz Dschamschid aber zog unter seiner Achselhöhle die Lebensflasche des Div hervor und zeigte sie ihm: »Du Dämon! Bewege dich nicht weiter, denn sonst werde ich dich gleich vernichten!« Als der Div die Lebensflasche sah, begann er zu betteln: »Gebt mir meine Lebensflasche wieder zurück, dann werde ich euch sieben große Krüge voll mit Juwelen geben und euch beide freilassen.« Prinz Dschamschid aber lachte nur und sprach: »Du Dämon. Dein Leben geht zu Ende. Jetzt gleich werde ich deine Lebensflasche auf einem Stein zerbrechen und die Welt von deinem Übel erlösen.« Noch einmal bettelte und flehte der Div, aber Prinz Dschamschid achtete gar nicht darauf, sondern hob die Flasche hoch über seinen Kopf, und nachdem er siebenmal den Propheten Salomo angerufen hatte, warf er die Flasche zur

Erde, wo sie zerbrach. Da begann es plötzlich zu donnern und zu blitzen, und ein stürmischer Regen tobte im Brunnen. Aus Angst wurden Prinz Dschamschid und das Mädchen ohnmächtig. Als sie wieder zu Sinnen kamen, sahen sie, daß der Div zu einem Häuflein Asche verbrannt war. Der schwarze Sklave des Dämonen aber stand vor ihnen und sagte: »Solange ich lebe, werde ich nur euch gehorchen!«
Da sagte Prinz Dschamschid: »Dann bring uns sogleich mit neuen Kleidern zum Königreich meines Vaters.« Als das Mädchen zu weinen und zu jammern begann, beruhigte er sie: »Dich werde ich ja auch mitnehmen, aber nur mit neuer Kleidung.« Der schwarze Sklave nahm das Mädchen und Prinz Dschamschid auf seine Schulter und flog mit ihnen schnell wie der Wind bis zum Tor des Palastes des Vaters von Prinz Dschamschid. Als sie ankamen, saß der König gerade in seinem königlichen Zelt und schaute einem Pferderennen zu. Prinz Dschamschid sah, daß seine Brüder auf zwei weißen arabischen Rennpferden ritten. Da sagte er zu dem schwarzen Sklaven: »Beschaffe mir sogleich ein arabisches Pferd, das schneller als all die anderen Pferde ist!« Im gleichen Augenblick hatte der Sklave bereits ein arabisches Pferd herbeigeschafft, das mit Schmuck und Juwelen behängt war. Prinz Dschamschid sprang auf das Pferd und rief dem schwarzen Sklaven zu: »Paß auf, daß meine Brüder nicht schneller sind als ich!« – »Zu Befehl«, antwortete dieser. Als Prinz Dschamschid in der ersten und auch in der zweiten und dritten Runde schneller als alle anderen war, sagte der König: »Bringt diesen furchtlosen Jüngling zu mir, damit ich sehe, wer das ist, der schneller als meine eigenen Söhne reitet.« Man brachte Prinz Dschamschid vor den König, und da dieser ihn zuerst nicht erkannte, fragte er ihn: »Wessen Sohn bist

du?« Prinz Dschamschid gab zur Antwort: »Ich bin doch Prinz Dschamschid!« Als der König seinen Namen hörte, wurde er vor lauter Freude bewußtlos. Sobald er wieder zu Sinnen kam, fragte er, ob er ein Erkennungszeichen habe. Prinz Dschamschid zog sogleich den Siegelring seines Vaters hervor und gab ihn ihm. Dann erzählte er ihm von seinen Abenteuern. Sogleich befahl der König, den beiden verräterischen Brüdern die Augen auszustechen und sie in der Wüste auszusetzen, Prinz Dschamschid aber bat für sie um Gnade.

Darauf befahl Prinz Dschamschid dem schwarzen Sklaven, aus dem Brunnen alle Edelsteine und Kostbarkeiten des Div herbeizuschaffen, und in einem Augenblick hatte dieser alles geholt. Sodann ließ der König sieben Tage und Nächte lang in der Stadt feiern, und man verheiratete Prinz Dschamschid mit der Tochter des Königs von Indien, die im Brunnen des Div gewesen war. Außerdem ließ Prinz Dschamschid den schwarzen Sklaven frei, damit dieser für sie bete.

Oben fanden wir Mehl, und Teig fanden wir unten – die Geschichte hat ihr Ende gefunden.

Die teuflischen Streiche des Kahlkopfes

Es war einmal ein Kahlkopf, der war ein rechter Schelm und spielte den Leuten immer nur Streiche. So lief er auf die Weide und stahl die Schafe, oder er kletterte auf die Dächer der Häuser und stahl dort Hühner und Hähne. Die Leute ärgerten sich sehr über ihn und beschwerten sich beim Bürgermeister, er solle ihn bestrafen. Seine eigene Mutter beklagte sich Tag und Nacht über ihn, bis die

Leute des Dorfes schließlich untereinander sagten: »Wir müssen jetzt etwas unternehmen, daß er das Haus nicht mehr verlassen kann!« So packten sie ihn und sperrten ihn in ein Zimmer, die Tür des Zimmers aber verriegelten sie fest. Brot und Wasser gab man ihm durch ein Loch in der Zimmerdecke. Außerdem hatten die Dorfbewohner vereinbart, all ihren Abfall und Kot durch dieses Loch zu werfen, damit der Kahlkopf durch den Gestank des Unrates umkomme.

Zwei volle Monate lebte er so, bis er schließlich sagte: »Ich bereue meine Taten. Laßt mich frei, und ich werde euch nicht weiter Streiche spielen.« So öffnete man die Tür, und der Kahlkopf kam heraus. Er nahm den ganzen Unrat und Kot der vergangenen zwei Monate, trug ihn aus dem Zimmer und ließ ihn in der Sonne trocknen. Dann mietete er fünf Esel und packte alles in Säcken darauf. Als man ihn fragte, wohin er denn damit wolle, antwortete er: »Nach Esfahan!« Dann machte er sich mit den fünf Eseln auf den Weg und verließ das Dorf.

Am Abend traf er auf einen Händler, der gerade von einer Reise zur Stadt zurückkehrte. Dort, wo der Kahlkopf sich niedergelassen hatte, ließ sich auch der Händler nieder. Da wandte sich der Kahlkopf zu ihm hin und rief: »Guter Mann! Stellt doch Euer Gepäck ein wenig mehr auf die andere Seite, damit es nicht mit meinen Sachen durcheinander kommt!« Da dachte der Händler bei sich: »Meine Ladung besteht nur aus guter Ware und Stoffen. Was mag der Kahlkopf denn nur für eine Ladung haben, daß er mich darum bittet aufzupassen, daß sie nicht mit meiner durcheinander kommt.« So packte ihn die Habgier, und mitten in der Nacht, als der Kahlkopf schlief, tat er sieben von seinen Säcken an die Stelle von den sieben Säcken des Kahlkopfes, nahm dessen Säcke an sich und reiste ab. Als der Kahlkopf am Morgen aufwachte, sah er, daß der Kaufmann sieben von seinen Säcken mitgenommen hatte und dachte: »Da habe ich ja ein gutes Geschäft gemacht!« Er lud die Säcke auf und kehrte in das Dorf zurück.

Als er wieder in das Dorf zurückkam, fragten ihn die Leute: »Du bist doch mit sieben Säcken voll Dreck abgereist. Was bringst du denn jetzt statt dessen zurück?« – »Erinnert ihr euch nicht«, erwiderte der Kahlkopf, »daß ihr mich in ein Zimmer gesperrt hattet und euren Dreck auf mich geworfen hattet? Das habe ich alles in Säcke getan und statt dessen jetzt dies hier mitgebracht.« – »Und in welcher Gegend hast du diesen Tausch gemacht?« fragten sie ihn. – »Dort am Rande der Salzwüste«, erwiderte er. Als die Leute das hörten, hatten sie nicht anderes mehr zu tun, als ihren Dreck zu sammeln, um ihn auch gegen Stoffe einzutauschen.

Jetzt laßt einmal diese hier, und hört etwas von dem Händler! Der Händler hatte ja die sieben Säcke des Kahlkopfes an sich genommen. Als er zu Hause sah, daß in ihnen nur Dreck war, beklagte er sich vor Gericht. Sein Urteil besagte, daß er, wenn er jemanden mit solch einer Ladung noch einmal treffe, sich bei diesem schadlos halten dürfe. Der Kahlkopf aber hatte inzwischen die ganze Ware verkauft, sich davon Land und ein Haus erworben und sich schön eingerichtet. Als nun die anderen Leute des Dorfes mit ihren acht, neun Säcken voll Dreck auszogen, um sie in der Wüste gegen Stoffe einzutauschen, trafen sie auf dem Weg den betrogenen Händler, der mit einigen Polizeibeamten unterwegs war. Als sie zusammen lagerten, sagte der Sohn des Bürgermeisters zu ihnen: »Stellt eure Waren ein wenig nach hinten, damit sie nicht mit unserer Ware durcheinander kommt!« Da fragte der Händler sie: »Was ist denn eure Ware?« – »Unsere Ware«, antworteten

sie, »bringen wir in die Wüste!« – »Gut, ihr Hinterhältigen!« rief da der Händler, »vor kurzer Zeit hat man schon einmal so etwas zu mir gesagt. Jetzt wollen wir doch einmal sehen, was ihr denn für Ware bei euch habt.« Als er es sah, sagte er es dem Beamten, und dieser ging mit seinen Leuten und den Dorfbewohnern zurück in das Dorf, wo man ihren Besitz beschlagnahmte. Gerade so viel von ihrem Besitz wurde beschlagnahmt, wie die sieben Säcke des Händlers wert gewesen waren.
Da versammelten sich die Dorfbewohner und sprachen untereinander: »Was sollen wir denn jetzt tun? Das hätten wir ja nicht für möglich gehalten, daß er sich so an unserem Gut schadlos hält.« Sie kamen zum Bürgermeister und fragten, was man denn jetzt unternehmen solle. Der Bürgermeister antwortete: »Nichts. Packt den Kahlkopf und werft ihn ins Meer!« Da stürmten die Dorfbewohner nachts in das Haus des Kahlkopfes, banden ihm die Hände, hoben ihn auf und trugen ihn zum Meer. Dort warfen sie ihn ins Wasser. Der Kahlkopf aber konnte nicht schwimmen, und so ging er die ganze Nacht lang mal unter Wasser, mal tauchte er wieder auf. Einige Fischer, die nachts auf Fischfang ausgefahren waren, kamen an dieser Stelle vorbei und sahen, wie dort jemand mal untertauchte, mal wieder hochkam. Da warfen sie ihr Netz aus und holten den Kahlkopf ein. Sie zogen ihn heraus und fragten ihn: »Bist du denn von einem schiffbrüchigen Boot ins Wasser gefallen?« – »Nein«, erwiderte der Kahlkopf, »die Leute meines Dorfes haben mich ins Wasser geworfen.« – »Nun gut«, erwiderten die Fischer, »wir werden dich eine Weile bei uns aufnehmen, vielleicht kannst du später wieder in dein Dorf zurückkehren. Wir kommen jede Nacht zum Fischfang hierher. Wenn du die Fische alle aufsammelst, dann wollen wir dich schon versorgen.«

Hiermit war der Kahlkopf einverstanden. So blieb er einen Monat lang am Ufer des Meeres. Eines Tages saß er wieder am Strand, da sah er einen Schäfer mit fünfzig, sechzig Schafen ankommen. Als der Schäfer den Kahlkopf dort sitzen sah, der gerade nichts zu tun hatte, fragte er ihn: »Ich möchte ein klein wenig schlafen. Willst du nicht solange auf die Schafe aufpassen, damit niemand sie stiehlt?« – »Sei nur beruhigt«, antwortete der Kahlkopf, »ich bin selbst einmal eine Zeitlang Schäfer gewesen und kenne mich mit dem Schafehüten aus!« So schlief der Schäfer beruhigt ein. Der Kahlkopf aber schlich sich an ihn heran, und als der Schäfer tief in Schlaf versunken war, stieß er ihn an und warf ihn ins Meer. Die Schafe trieb er zusammen und nahm sie mit fort. Einen Tag und eine Nacht war er unterwegs, bis er wieder zu seinem Dorf kam.

Als die Leute des Dorfes sahen, wie der Kahlkopf wiederkam zusammen mit fünfzig, sechzig Schafen und Ziegen, die so groß wie Wildesel waren, umringten sie ihn und riefen: »Woher hast du denn diese?« Der Kahlkopf erwiderte: »Dies sind alles Meeresziegen. Ich habe sie aus dem Meer geholt. Ihr habt wohl geglaubt, ihr hättet mich ins Meer geworfen, und ich wäre gestorben? Mich hat ein Fisch hochgetragen, und ich habe diese Schafe hier mitgebracht.« Die Leute des Dorfes entgegneten: »Warum lügst du denn? Gibt es etwa im Meer Schafe?« – »Kommt doch selbst einmal am Abend zum Strand«, sagte der Kahlkopf. »Wenn ihr euch dort hinsetzt, werdet ihr schon sehen, ob es im Meer Schafe gibt oder nicht.« So berieten die Leute des Dorfes sich untereinander: »Wir wollen auch gehen und Schafe aus dem Meer holen; wir sind doch nicht weniger wert als der Kahlkopf.« Und als der Bürgermeister gerade gehen wollte, trug ihm seine Mutter noch auf: »Bring mir ja eine Ziege mit dicken Zitzen mit!«

Nun versammelten sich alle Dorfbewohner und gingen zum Strand. Dort sagte der Bürgermeister: »Wir wollen nicht alle zusammen ins Wasser gehen. Einer von uns wird zuerst hineingehen. Wenn er sieht, daß dort wirklich Schafe sind, dann soll er mit der Hand ein Zeichen geben, und wir werden alle nachkommen!« Zuerst stieg einer von ihnen ins Wasser, der schwimmen konnte. Er tauchte gleich unter und kam an einer anderen Stelle wieder hoch. Als er dann umherschwamm und dabei die Hände bewegte, meinten die Leute, er wolle ihnen damit zu verstehen geben, daß es dort voller Schafe sei. Da warfen sich der Bürgermeister und mit ihm alle Dorfbewohner ins Wasser. Und von der ganzen Versammlung, die sich ins Wasser warf, blieben nur drei übrig, der Rest wurde eine Beute der Fische und ertrank.

Der Kahlkopf aber ergriff Besitz von dem ganzen Dorf. Er verkaufte alle seine Schafe, heiratete die Tochter des Bürgermeisters und eröffnete einen Laden in Teheran. Dann holte er die Tochter des Bürgermeisters nach und lebte dort mit ihr. Seine Mutter hatte er inzwischen als Oberhaupt des Dorfes eingesetzt. So lebte er nun im Winter in der Stadt, und im Sommer lebten sie alle zusammen im Dorf.

Wir gingen nach oben, dort war Mehl, wir kamen nach unten, dort war Teig – das war unsere Geschichte gleich.

Die zweigeteilte Braut

Es war einmal ein König, der hatte keine Kinder. Als er eines Tages einmal den Spiegel zur Hand nahm und sich darin betrachtete, begann er zu weinen. Der Wesir fragte ihn, warum er denn weine, und er antwortete: »Wie soll ich denn nicht weinen, wo doch schon fünfzig Jahre meines Lebens verstrichen sind, aber Gott mir noch immer kein Kind geschenkt hat!« In diesem Moment kam eben ein Derwisch vorbei, der fragte: »Möge es Euch wohlergehen, o Mittelpunkt der Welt! Warum weint denn der König?« Die Wesire erklärten ihm: »Weil er keine Kinder hat!« Da erwiderte der Derwisch: »Das ist doch weiter nicht schlimm. Ich werde dem König etwas geben, daß er ein Kind bekommen wird. Aber ich verlange dafür von ihm ein Schriftstück. Darin soll stehen: wenn das Kind ein Mädchen wird, soll er es mir ganz überlassen; und wenn

es ein Junge ist, soll er ihn mir im Alter von vierzehn Jahren für ein Jahr überlassen.« Der König entgegnete: »Das ist ja ganz gut. Aber wenn es jetzt ein Mädchen ist – wie kann ich denn meine Tochter einem Derwisch überlassen?« – »Möge es Euch wohlergehen, o Mittelpunkt der Welt«, beruhigten ihn die Wesire. »Bis jetzt ist es ja noch

kein Mädchen geworden. Gebt ihm ruhig das Schreiben. Wenn es dann ein Mädchen wird, werden wir es nicht zulassen, daß es mit diesem Derwisch als Bettler umherzieht. Wir werden ihm entweder Geld geben und ihn zu einem Kaufmann machen, oder wir überlassen ihm ein Amt und machen ihn zu einem Beamten Eures Staates. Laßt nur zu, daß Ihr durch diesen Derwisch ein Kind bekommt, dann werden wir schon weiter sehen!«
Der König war einverstanden und gab ihm ein Schreiben mit dem Inhalt: »Wenn Gott mir eine Tochter schenkt, soll sie dir ganz gehören; wenn er mir einen Sohn schenkt, soll er ein Jahr lang dein sein.« Darauf griff der Derwisch mit seiner Hand in die Tasche und holte einen Apfel hervor. Diesen besprach er mit einem Gebet und übergab ihm den König mit den Worten: »Heute Nacht teile diesen Apfel mit derjenigen unter deinen Frauen, die du am liebsten hast. Iß du selbst eine Hälfte davon, und gib die andere Hälfte der Frau.«
So nahm der König den Apfel und teilte ihn. Eine Hälfte gab er seiner Frau, die andere Hälfte aß er selbst. Die Frau wurde schwanger und gebar nach neun Monaten, neun Tagen, neun Stunden und neun Minuten einen Sohn. Sogleich berichtete man den König: »Deine Lieblingsfrau hat einen Sohn geboren!« Zur gleichen Zeit kam auch der Derwisch, der ja einen Anspruch hatte, und sprach: »Möge es dem König wohlergehen! Was für ein Kind hat Gott Euch denn geschenkt?« – »Einen Sohn«, antwortete der König. – »Sehr schön«, erwiderte der Derwisch, »haltet nun Euer Versprechen. Ein Jahr wird der Junge mir gehören.« Und er fuhr fort: »Ich gehe jetzt und werde nach vierzehn Jahren wiederkommen. Wenn der Junge dann noch am Leben ist, werde ich ihn mitnehmen.«
Der König übergab seinen Sohn zuerst einer Amme. Als

die Zeit der Amme vorüber war, übergab er ihn einem Erzieher, und im Alter von sieben Jahren kam er zur Schule. Sieben Jahre blieb er auf der Schule und lernte, und im Alter von vierzehn Jahren hatte er alles Wissen vollständig erlernt.

Eines Tages waren einmal alle im Thronsaal versammelt. Die Wesire und Berater waren vollständig anwesend, und der Sohn des Königs saß neben seinem Vater auf einem Stuhl. Da erschien auf einmal der Derwisch, grüßte den König und fiel vor ihm auf den Boden. Als der König den Derwisch erblickte, begannen die Haare an seinem Körper zu zittern. Ihn ergriff ein derartig starkes Zittern, daß es alle seine Staatsbeamten bemerkten, und er begann sogar mit den Zähnen zu klappern. Da erhob sich sein Sohn und sprach: »Lieber Vater! Was habt Ihr denn? Was ist denn passiert? Was hat Euch ergriffen, seit dieser Derwisch gekommen ist?« – »Mein lieber Sohn«, antwortete der König. »Ich zittere aus Angst um dich. Denn wir haben eine Abmachung mit diesem Derwisch getroffen.« Und er erzählte ihm die ganze Geschichte. Da meinte der Sohn: »Nun gut. Mit Gewalt kann mich der Derwisch ja nicht mitnehmen. Ich muß schon freiwillig mit ihm gehen.« – »Das ist richtig«, erwiderte der Derwisch, »ohne dein Einverständnis kann ich dich keine zwei Schritte weit mit mir nehmen. Ich werde dich vielmehr nur unter der Bedingung mitnehmen, daß du weinend hinter mir hergehen sollst.« Da freute sich der König und sprach: »Sehr gut. Wenn der Derwisch solch eine Bedingung stellt, wird mein Sohn sicherlich nicht freiwillig mitgehen, Krone, Thron und Herrschaft im Stich lassen und mit einem Derwisch wegziehen.« Der Derwisch aber antwortete: »Möge es dem König wohlergehen! Ich werde drei Tage als Gast hierbleiben. Nach drei Tagen werde ich fortgehen. Wenn

der Prinz dann mit mir kommen will, soll er mitkommen, wenn er nicht mitgehen will, dann ziehe ich alleine fort.« Hiermit war der König einverstanden.
Als es Abend wurde, bereitete man dem Derwisch ein Zimmer. Dann saß der Junge bei dem Derwisch und sprach: »Nun gut, Derwisch. Du hast ja auch ein väterliches Anrecht auf mich. So erzähle mir nun eine Geschichte.« Da begann der Derwisch zu erzählen von den Eigenschaften und der vollendeten Schönheit der Tochter des Königs von China, um deren Hand sich schon sieben Königssöhne beworben hatten. »Aber ach«, sagte er, »leider ist dieses Mädchen zur Zeit sehr krank, und niemand außer mir kann sie heilen.« – »Lieber Vater«, sprach der Prinz, »dieses Gesicht, das du beschreibst: Hast du davon kein Bild?« – »Mein lieber Sohn«, erwiderte der Derwisch, »ich habe ein Bild davon. Aber ich fürchte, wenn ich es dir zeige, wirst du nicht mehr schlafen können und nichts mehr essen wollen.« Der Jüngling aber bedrängte ihn: »Lieber Vater, zeig es mir!« So griff der Derwisch in seinen Sack, zog daraus ein Bild hervor und zeigte es dem Prinzen. Sobald der Blick des Prinzen darauf fiel, wurde er ohnmächtig. Der Derwisch massierte ihn und benetzte sein Gesicht mit Wasser, bis er wieder zu Bewußtsein kam. Dann sprach er: »Lieber Sohn, du hast jetzt nur das Bild gesehen und bist schon bewußtlos geworden. Was soll es erst geben, wenn du das Mädchen selbst siehst?« Der Prinz aber bedrängte ihn: »Lieber Vater! Du mußt mich unbedingt mit der Gestalt dieses Bildes zusammenbringen!« – »Sicher, mein lieber Sohn«, erwiderte der Derwisch. »Und um deinetwillen wird das Mädchen auch geheilt werden.« – »Was soll ich jetzt tun?« fragte der Prinz. Und der Derwisch entgegnete: »Nichts Besonderes. Morgen, wenn ich im Thronsaal zu deinem Vater

gehe, dann sprich zu ihm und sage: ›Ich will mit dem Derwisch gehen!‹ Wie sehr er dich auch daran hindern will zu gehen, sag: ›Nein, ich muß unbedingt gehen. Wenn Ihr mich nicht gehen laßt, so werde ich mich selbst töten!‹«
Als der Derwisch am nächsten Tag zum Thronsaal gekommen war, um sich vom König zu verabschieden, ergriff Prinz Ibrahim einen Zipfel seines Rockes und rief: »Ich schwöre bei Gott! Ich werde mich nicht von Euch trennen!« Und sosehr ihn auch der König und die Wesire bedrängten, wohin er denn gehen wolle, und wenn er mit diesem Derwisch gehe, müsse er betteln gehen, er sprach nur: »Wenn ich mit dem Derwisch gehen kann, bin ich selbst für das Betteln noch dankbar.« Da sahen sie ein, daß es zwecklos war, und daß er sich eher selbst töten werde, als nicht zu gehen. So bat der König den Derwisch mit den Worten: »Wenn du schon meinen Sohn jetzt mitnimmst, dann bitte achte auf ihn, daß ihm nichts zustößt.« Und der Derwisch antwortete: »Seid ganz beruhigt. Wenn Ihr selbst auch der Vater des Jungen seid, so habe ich doch auch ein väterliches Anrecht auf ihn. Und ich würde mich mehr als Ihr um ihn grämen.«
Damit ergriff er die Hand des Prinzen, sie verabschiedeten sich vom König und gingen hinaus. Der König rief noch: »Derwisch! Wenn du irgend etwas benötigst, sei es Geld, Juwelen oder Gold, dann sag es mir, damit ich es dir geben kann.« Der Derwisch antwortete: »Jetzt brauche ich nichts. Und wenn ich es nötig haben werde, dann schreibe ich Euch einen Brief. Dann könnt Ihr mir geben, was ich brauche.« Und der König war einverstanden.
So verließ der Prinz zusammen mit dem Derwisch den Palast. Sie gingen hinaus, und der Derwisch kam mit dem Prinzen auf den Markt. Dort kaufte er ihm Derwischkleidung, setzte ihm eine Kappe auf den Kopf und gab ihm

eine Bettelschale in die Hand. Außerdem lehrte er ihn ein, zwei Bettelgesänge. Dann sprach er: »Jetzt steh auf! Wir wollen zuerst einmal am Eingang des Marktes in deinem eigenen Reich sehen, ob wir unseren Lebensunterhalt verdienen können oder nicht.« Der Derwisch erhob sich und begann zu singen. Als danach der Jüngling an der Reihe war, sang er seine zwei Bettelverse. Da warfen die Leute soviel Geld in seine Bettelschale, daß sie davon überfloß. Der Derwisch sprach: »Gut! Das war das Geld vom Eingang des Marktes. Jetzt wollen wir zum Ausgang des Marktes gehen.« Da der Prinz hübsch aussah und auch nette Kleidung anhatte, folgten ihnen die ganzen Leute bis an das andere Ende des Marktes. Als sie dort angekommen waren, sangen sie ebenfalls, und wiederum füllte die Bettelschale sich mit Geld. Und selbst nachdem sie sie einmal geleert hatten, füllte sie sich wieder. Am Nachmittag dann sprach der Derwisch: »Komm, mein Sohn, gehen wir. Ich wollte ja nur sehen, ob wir unseren Lebensunterhalt verdienen können oder nicht.«

Am Abend verließen sie die Stadt und wanderten durch die Wüste. Und in jeder Stadt, zu der sie kamen, blieben sie ein, zwei Tage, zogen umher von Haus zu Haus, und reisten dann weiter. So kamen sie von einer Stadt zu einer anderen, bis in die Nähe der Stadt China. Dort sprach der Derwisch: »Mein Sohn?« – »Ja«, antwortete der Prinz. »Mein Sohn«, fuhr der Derwisch fort, »wir wollen eine Vereinbarung treffen. Wenn wir diese Stadt wieder verlassen haben, wollen wir bis zu dem Augenblick, in dem wir wieder die Stadt deines Vaters betreten, alles, was wir erlangen, teilen. Eine Hälfte davon soll dann dir gehören, die andere Hälfte mir.« Der Jüngling war einverstanden, und sie gaben sich gegenseitig einen solchen Vertrag und steckten ihn in ihren Beutel.

So betraten sie die Stadt China, und sechs Tage lang streiften sie in der Stadt auf dem Markt umher. Schließlich gelangte die Nachricht von ihnen auch dem König zu Ohren, und er befahl, sie zu ihm zu bringen. Zwei Tage lang war der Derwisch bei dem König, und während dieser zwei Tage und Nächte ging der König nicht zu seinen Frauen. Am zweiten Tag aber bat der Derwisch um die Erlaubnis, gehen zu dürfen. Der König wandte sich ihm zu und fragte: »Mein Kind, wohin willst du denn gehen? Was verdienst du denn jeden Tag?« – »Diese Bettelschale«, erwiderte der Derwisch, »muß morgens zweimal voll werden, und auch am Nachmittag muß sie zweimal voll sein.« Der König entgegnete: »Sehr gut. Ich nehme an, daß ihr beide hier Fremde seid und in einem Gasthaus wohnen müßt. Mein Palast ist doch sicher nicht schlechter als ein Gasthaus. Am Morgen, wenn ihr umhergehen wollt, geht hinaus. Kommt dann zur Mittagszeit zum Essen wieder und geht am Nachmittag nicht weiter hinaus. Nachmittags will ich euch die Bettelschale füllen.« Der Derwisch hörte, was der König sagte und sprach: »Eine von den Bettelschalen am Nachmittag wollen wir Euch erlassen. Ihr mögt uns dann nur eine füllen.« Hiermit war der König einverstanden.

Zwei, drei Tage lang gingen der Derwisch und der Prinz am Morgen nach draußen, zum Mittagessen kamen sie dann wieder und blieben bis zum Abend. Am Abend ließen sie sich beim König nieder und sangen ihm Klagelieder vor oder erzählten Geschichten. Da der König überhaupt nicht mehr zu seinen Frauen kam, fragten sich diese am Abend: »Was ist denn los, daß der König nicht mehr zu uns kommt?« So gingen die Frauen zusammen mit der Tochter des Königs und schauten hinter einem Vorhang hervor ebenfalls zu. Da flog ein schneller Pfeil ab von der

Brust des Jünglings, ließ sich nieder in der Brust des Mädchens, und sie verliebte sich – nicht mit einem, nein mit hundert Herzen in den jungen Derwisch. Dieser eine Abend ging vorbei und am nächsten Abend kamen sie wieder. Das Mädchen aber schrieb dem jungen Derwisch einen Brief: »Ich verbrenne, ich verbrenne! Durch die Liebe zu dir ist mein Leben bald zu Ende. Ich war roh und bin jetzt reif geworden. Ich verbrenne, du junger Derwisch, erbarme dich meines Zustandes!« Diesen Brief übergab sie dem Haushofmeister mit der Bitte, ihn an den jungen Derwisch weiterzuleiten.
Zwei Monate blieben der Derwisch und der Prinz dort. Als dann aber die Rede auf ihre Abreise kam, wurde die Tochter des Königs von einer Krankheit befallen, und sie benahm sich wie verrückt. Man holte alle Ärzte der Stadt, aber sie sagten nur: »Es gibt kein Heilmittel für die Prinzessin, wir können sie nicht heilen.« Als der Derwisch am nächsten Tag im Thronsaal sah, daß der König ganz niedergeschlagen war, fragte er ihn: »Möge dem König Wohlergehen beschieden sein! Was ist Euch denn widerfahren?« Der König erzählte ihm, was mit seiner Tochter geschehen war, worauf der Derwisch sprach: »Erlaubt mir, Eure Tochter zu sehen!« – »Ohne weiteres!« erwiderte der König und schloß die Versammlung. Dann ergriff der Derwisch die Hand des Jünglings, und zusammen betraten sie die Frauengemächer. Dort sahen sie, daß man das Mädchen mit schweren Ketten an den Füßen gefesselt hatte, ihre Hände waren gebunden, und ein Schloß lag um ihren Hals. Als der Blick des Mädchens auf den Derwisch fiel, zerrte sie so stark an den Ketten, daß sie ihre Handfesseln zerriß. Die Dienerinnen fürchteten sich schon und riefen: »Jetzt wird sie gleich den Derwisch in Stücke reißen!«, aber sie ging zu ihm hin und ergriff einen Zipfel sei-

nes Rockes. Der Derwisch fragte sie: »Was ist mit dir? Was ist deine Krankheit?« – »Meine Krankheit«, erwiderte sie, »ist euer Gehen. Wenn ihr diese Stadt verlaßt und ich diesen jungen Derwisch nur drei Tage lang nicht sehe, werde ich mich, sollte ich noch nicht gestorben sein, selbst töten.« – »Gut«, entgegnete der Derwisch, »ich gehe jetzt und werde mit deinem Vater etwas vereinbaren. Wenn er damit einverstanden ist, mußt du alles tun, was ich dir sage.« Das Mädchen willigte ein und fragte: »Wenn mein Vater deinen Vorschlag aber nicht annimmt, was sollen wir dann tun?« – »Dann«, meinte der Derwisch, »werde ich auf jeden Fall noch einmal zu dir kommen und dir sagen, wie du dich verhalten sollst.«
So ging der Derwisch zum König und sprach ihn an: »Möge Euch, o Mittelpunkt der Welt, Wohlergehen beschieden sein! Ich kann Eure Tochter heilen. Aber nur unter der Bedingung, daß Ihr sie, wenn ich sie heile, dem jungen Derwisch zur Frau gebt.« Der König erwiderte: »Von der Gestalt, dem Aussehen, der Vollendung und der Schönheit des Jünglings her gesehen, wünschte ich nichts lieber, als daß er mein Schwiegersohn werde. Aber wohin bringe ich denn meinen Namen, wenn man bis zum Jüngsten Tag sagen wird: Der König hat seine eigene Tochter an einen Derwisch verheiratet!« Als er dies sagte, errötete der Prinz und rief: »Täuscht Euch nicht, denn ich bin selbst der Sohn eines Königs! Ich habe mich nur zu einem bestimmten Zweck in dieser Gestalt verkleidet.« – »Und wenn es so sei«, erwiderte der König, »welchen Beweis soll ich dafür nehmen?« – »Das ist nicht weiter schwer«, entgegnete der Prinz. »Ich werde jetzt meinem Vater einen Brief schreiben. Dann werdet Ihr schon sehen, ob ich der Sohn von König Resa bin oder nicht.« Sogleich nahm er ein Blatt Papier und schrieb seinem Vater einen Brief:

»Lieber Vater! Ich bin zur Zeit in der Stadt China. Schicke mir einen von deinen Leuten mit hundert Säcken voll Geld hierher!«
Der Jüngling blieb dort, und der Brief wurde zu seinem Vater gebracht. Als der ihn erhielt, freute er sich sehr und befahl sogleich einem seiner Wesire, sich mit hundert Säkken Geld auf den Weg zu machen. So saßen sie alle eines Tages im Thronsaal, als die Nachricht gebracht wurde, daß aus dem Lande Iran ein Wesir mit hundert Säcken voll Geld angekommen sei. Der König freute sich sehr darüber und ließ den Wesir gleich in seinen Thronsaal rufen. Als der Wesir eintrat, sah er den Prinzen dort in seiner Derwischkleidung sitzen. Sogleich fiel er auf den Boden und rief: »Prinz, warum seid Ihr nur in solch einer Kleidung?« Der Prinz aber antwortete: »Man muß sich bemühen, jedem Vater, den man hat, ähnlich zu sein.«
Der König freute sich sehr und sprach: »Jetzt gebe ich dir natürlich meine Tochter mit der größten Freude. Aber sie hat noch eine andere Krankheit! Bis jetzt hatten sie schon zwei Königssöhne geheiratet, aber jedesmal, wenn sie zusammensaßen und ihr Atem aufeinander stieß, starben sie. Jetzt habe ich deswegen Sorgen um den Jüngling.« Der Derwisch erwiderte hierauf: »Laßt das nur meine Sorge sein. Darum braucht Ihr Euch nicht zu kümmern. Ich werde mich ihrer Krankheit schon annehmen.« Dann gab der Derwisch den Befehl, dem Mädchen die Ketten von den Füßen zu nehmen und ihm auch die Fesseln vom Hals abzunehmen. Darauf bat er, ein zweites Mal alleine mit dem Mädchen reden zu dürfen und sprach zu ihm: »Freue dich, denn ich habe deinen Wunsch erfüllt. Jetzt wirf diese eingebildete Verrücktheit ab von dir!« Das Mädchen erwiderte: »Derwisch! Ich bin ja nur verrückt geworden, weil ihr weggehen wolltet. Wenn dem nicht so ist, bin ich

auch nicht verrückt.« – »Sehr gut«, entgegnete der Derwisch, »dann werde ich dir morgen gestatten, ins Bad zu gehen.«
Dann kam der Derwisch wieder zum König und sprach: »Ich habe Eurer Tochter ein Heilmittel gegeben, damit sie gesund wird. Morgen bringt sie ins Bad, und danach laßt die Hochzeitszeremonie vollziehen, denn wir wollen abreisen.« Sogleich ließ der König die ganze Stadt schmükken, und man schloß den Bund zwischen seiner Tochter und dem Prinzen und verheiratete die beiden miteinander. Der Derwisch aber sagte zu dem Jüngling: »Wenn du zu dem Mädchen gehst, hüte dich davor, daß dein Gesicht neben dem Gesicht der Braut liege. Auch wenn du sie sehr lieb hast und sie küssen willst, dann küsse höchstens ihre Hand. Denn wenn ihr Atem deinen Atem berührt, dann wird er dich vernichten!« – »Lieber Vater«, fragte der Prinz, »was sollen wir denn da machen?« – »Dafür gibt es auch ein Heilmittel«, erwiderte der Derwisch. »Und wenn die Zeit gekommen ist, werde ich sie auch von dieser zweiten Krankheit heilen.«
So wurden die beiden also miteinander verheiratet, und nach drei Tagen reisten sie ab. Der König gab ihnen zwei Meilen weit das Abschiedsgeleit, und der Wesir ließ dem Vater des Prinzen die Nachricht überbringen, daß sie abgereist seien. Auf halbem Wege kamen sie an einen Ort, an dem es viel Wasser und grüne, saftige Pflanzen gab. Dort gab der Derwisch die Anweisung, die Zelte aufzuschlagen, und nachdem dies geschehen war, rief er den Jüngling: »Lieber Sohn!« – »Ja«, gab der zur Antwort. Und der Derwisch zog das Schreiben hervor, das sie beide unterzeichnet hatten, in dem stand, daß sie alles, was sie erlangten, teilen wollten. Dieses legte er dem Jüngling vor, der erwiderte: »Ich bin bereit. Ich werde doch nicht von mei-

nem Versprechen zurücktreten. Angefangen von der Bettelschale, die wir im Markt gefüllt haben, bis hin zur ganzen Mitgift des Mädchens wollen wir alles teilen. Das einzige, was zwischen uns bleiben wird, ist das Mädchen selbst.« Der Derwisch aber entgegnete: »Jetzt wollen wir das Mädchen teilen. Die Hälfte soll dir gehören, die andere Hälfte mir.« – »Lieber Vater«, rief der Jüngling, »was hat denn eine Hälfte noch für einen Nutzen, das Mädchen wird doch dabei sterben. Nein, das hat keinen Sinn. Ich werde dir die ganze Hälfte meines Besitzes schenken, schenke du mir dafür deine Hälfte des Mädchens.« – »Nein«, erwiderte der Derwisch, »das geht nicht. Wir haben vereinbart, daß wir von unserem Versprechen nicht zurücktreten wollen.« – »Dann will ich von meiner Hälfte des Mädchens ablassen«, rief der Jüngling, »damit sie wenigstens nicht getötet wird.« – »Nein, das geht nicht«, sagte der Derwisch wieder, »sie muß in zwei Hälften geteilt werden.« – »Gut, und wie soll sie geteilt werden?«, gab schließlich der Jüngling nach. »Bleib du hier sitzen«, sagte der Derwisch, »und schau zu.«
Er holte ein Seil und band damit zwei junge Bäume, die nebeneinander standen, an die Füße des Mädchens. Dann hob er ein Fleischerbeil hoch in die Luft. Jetzt stand er so da, um das Mädchen zu zerteilen, dann schlug er das Hackmesser plötzlich mit Wucht auf den Boden, gerade zwischen die Beine des Mädchens, und plötzlich kroch eine Schlange aus ihrem Mund hervor. Sogleich schlug er der Schlange mit dem Beil den Kopf ab. Dann hob er es ein zweites Mal empor und rief: »Das erste Mal hatte ich Erbarmen mit dir und habe nicht richtig zugeschlagen. Dieses Mal aber werde ich dich in zwei Hälften zerteilen!« Wieder hob er das Beil hoch und ließ es mit voller Wucht niederfahren, da krochen zwei junge Schlangen aus dem

Mund des Mädchens hervor. Dann hob er es ein drittes Mal hoch und rief: »Diese zwei Mal habe ich mich wegen des Jünglings erbarmt, der dort verwundert und erstaunt sitzt. Dieses dritte Mal aber bereite dich darauf vor, daß ich dich zerteile!« Und wieder hob er mit ganzer Kraft das Hackbeil hoch und ließ es niederfahren. Da sah er, wie das Mädchen nieste, aber diesmal kam nichts mehr aus ihr heraus.

Nun ordnete er an, ein Ruhebett bereitzustellen, band die Prinzessin von den Bäumen los und legte sie zum Schlafen auf das Bett, wo sie sich drei Tage lang ausruhte. Nach drei Tagen dann rief der Derwisch den Prinzen zu sich. Das Mädchen hob er von dem Ruhelager auf, küßte ihm die Stirn und sprach: »Meine Tochter! Anstelle meiner Hälfte genügt mir dieser eine Kuß. Der Grund, weshalb ich bis heute die Erlaubnis nicht gegeben hatte, daß ihr euch küßt, war eben diese Schlange in deinem Bauch. Ihr Atem tötete jeden, mit dem er zusammentraf. Und es gab keine andere Möglichkeit, sie aus dem Bauch hervorzulocken, als diejenige, wie ich es gemacht habe. Hätte ich die Schlange vergiften wollen, dann wäre das Mädchen auch gestorben. Jetzt aber reist ab in euer Vaterland!«

Als sie dort angekommen waren, ließ der König die Stadt schmücken zur Ankunft seines Sohnes, und sie feierten sieben Tage und sieben Nächte lang Hochzeit. Man gab die Hand des Mädchens in die Hand des Jünglings, und am Morgen nach der Hochzeit kam der Derwisch zum König und sprach: »An dem einen Jahr, welches ich deinen Sohn mitnehmen wollte, fehlen noch zwei Tage. Für diese zwei Tage werde ich nach zwei Jahren noch einmal kommen und den Jüngling dann mitnehmen.« Und mit diesen Worten verabschiedete er sich vom König und ging weg.

Unglaubliche Hochzeitsnacht

Einer war, einer war nicht – außer Gott war niemand. Es waren einmal zwei Brüder, von denen war der eine ein Kaufmann und der andere ein Kupferschmied. Der Kaufmann hatte eine Tochter, und der Kupferschmied hatte einen Sohn. Diese beiden wollten heiraten, aber der Kaufmann ließ das nicht zu. Er sagte immer: »Ich bin ein Kaufmann und habe schließlich Namen und Ansehen. Ich kann doch meine Tochter nicht meinem Bruder, der nur ein Kupferschmied ist, geben. Nein, ich kann meine Tochter nicht dem Kupferschmied geben.« Nun war das Mädchen äußerst hübsch und hatte viele Verehrer. So hielt auch der Sohn vom Wesir des Königs um ihre Hand an. Da kam der junge Mann zu seiner Kusine und sprach zu ihr unter Weinen und Klagen: »Dein Vater hat vor, dich dem Sohn des Wesirs zur Frau zu geben, und ich – mein Kopf wird ohne Hut bleiben!« Das Mädchen aber tröstete ihn mit den Worten: »Weine nicht! Ich werde von meinem Bräutigam das schriftliche Versprechen verlangen, daß ich in der Hochzeitsnacht zu allererst zu dir kommen kann. Dann können wir beide zusammen fliehen.« – »Sehr gut«, erwiderte der junge Mann.

Der Sohn des Wesirs bezahlte das Brautgeld und hielt um die Hand des Mädchen an, und es wurde zur Hochzeit gerüstet. Als dann die junge Frau ihr Jawort geben sollte, erwiderte sie: »Ich habe eine Bitte. Und zwar möchte ich ein schriftliches Versprechen von meinem Bräutigam. Wenn er sich verpflichtet, dieses Versprechen in der Hochzeitsnacht einzuhalten, dann werde ich mein Jawort geben, ansonsten aber nicht.« Der junge Mann, der nicht wußte, von was für einer Angelegenheit sie redete, sagte: »Ich werde dir dein Versprechen geben«, und er gab ihr einen Zettel, auf dem er dies schrieb. Hierauf gab auch das Mädchen sein Jawort.

Bei Anbruch der Hochzeitsnacht führte man das Mädchen dem Bräutigam zu. Als man ihnen aber die Hände ineinander legte, zog das Mädchen das Schreiben des Wesirssohnes hervor und sagte: »Gut! Jetzt müßt Ihr mein Verlangen erfüllen.« – »Was ist denn dein Wunsch?« fragte er. Worauf sie antwortete: »Mein Cousin war in mich verliebt. Mein Vater hat mich aber ihm nicht zur Frau gegeben, weil sein Vater nur ein Kupferschmied ist. Weil mein Cousin nun vorhatte, sich am Tage meiner Hochzeit selbst zu töten, habe ich ihm versprochen, in der Hochzeitsnacht zu ihm zu kommen, damit er sich nicht selbst auslösche. Meine Bitte ist jetzt die, daß du mir gestattest, in der Hochzeitsnacht eine Stunde lang zu ihm zu gehen.« – »Gut«, erwiderte der Wesirssohn. »Hiermit gebe ich dir die Erlaubnis, für eine Stunde zu ihm zu gehen. Vielleicht aber wird er dir die Jungfernschaft nehmen!« – »Nun«, meinte das Mädchen, »das hängt davon ab, wie gewissenhaft er sich verhalten wird.« Und der Wesirssohn sagte noch: »Jetzt geh! Aber es soll nicht mehr als eine Stunde verstreichen, bis du wieder zurückkommst!«

Da stand das Mädchen auf und verließ in ihrem Hochzeitskleid das Haus. Nun lag draußen ein Räuber im Hinterhalt, um vielleicht in das Haus einzubrechen. Als er das Mädchen sah, dachte er bei sich: »Gott sei gelobt! Diese da hat ja Edelsteine im Wert von mindestens 10000 Tuman bei sich!« Sodann trat er vor und redete sie an: »Wessen Tochter bist du?« Hierauf erzählte das Mädchen dem Räuber seine Geschichte, worauf er sprach: »Nun, ich bin schließlich ein Räuber! Jetzt gib mir deine Juwelen, und dann geh weiter!« Das Mädchen aber erwiderte: »Nun schau einmal! Gerade so, wie sich der Wesirssohn mir ge-

genüber großzügig verhielt, indem er mich nicht anrührte, so rühre auch du meine Juwelen nicht an! Wenn ich zurückkomme, sollen alle diese Edelsteine dir gehören!«
So kam sie an dem Räuber vorbei. Da stand plötzlich ein Löwe vor ihr. Das Mädchen ging anmutig auf ihn zu, legte die Hand auf seine Mähne und sprach ihn an: »Du König der Tiere! Ich verstehe deine Sprache nicht, aber du verstehst die meine. Mit mir verhält es sich nämlich soundso. Nun sei auch du mir gegenüber großzügig und lasse mich zu meinem Cousin gehen. Wenn ich zurückkomme, dann will ich dir freiwillig ein Leckerbissen sein!« Da gab der Löwe ihr durch ein Zeichen zu verstehen, daß sie gehen solle.
So kam das Mädchen zu ihrem Cousin. Sie fand ihn, wie er neben der Wand saß, den Kopf auf die Knie gelegt hatte und klagte, daß er nie mehr Heilung finden werde. Da trat das Mädchen bei ihm ein und sprach: »Mein Cousin! Was weinst du denn?« – »Was soll ich nicht weinen«, erwiderte er, »wo doch ein anderer meine Kusine nach Hause trägt!« – »Nun«, entgegnete sie, »ich bin meinem Versprechen treu geblieben. Jetzt tu du mit mir alles, was du mit mir tun möchtest!« Der junge Mann fragte: »Und wie hast du das deinem armen Bräutigam beigebracht?« Sie gab zur Antwort: »Jenes Schreiben, das ich am Hochzeitstag von ihm erhalten habe, habe ich ihm heute vorgehalten und ihm meinen Wunsch mitgeteilt. Da hat der Arme etwas nachgedacht und mir dann gesagt, ich solle gehen, aber nicht länger als eine Stunde ausbleiben. Auf dem Weg nun bin ich auf einen Räuber und einen Löwen getroffen. Was schlägst du jetzt vor zu tun? Auf jeden Fall möchte ich nach einer Stunde wieder gehen.« Da überlegte der junge Mann ein wenig und sprach dann zu ihr: »Nein, es wäre nicht gerecht gegenüber deinem Bräutigam, wenn ich sei-

nen Krug zerbräche. Schließlich hat er sich dir gegenüber wirklich großzügig verhalten.« Also schickte er das Mädchen wieder auf den Weg mit den Worten: »Geh zu ihm zurück!«
So ging das Mädchen nach Hause zurück. Als es ankam, sah es, daß der Bräutigam noch genau wie vorher da saß. Als sein Blick auf das Mädchen fiel, begann er zu weinen. Sie fragte ihn: »Warum weinst du denn?« – »Was soll ich nicht weinen«, erwiderte er, »wo doch nach all diesen Ausgaben, die ich hatte, und nach all diesen Mühen ein anderer den Krug zerbrach, der mir zustand!« Da erwiderte sie ihm: »Du junger Mann! Sorge dich nicht, denn seine Großzügigkeit war noch größer als deine.«
Nun laßt einmal diese beiden dort und kommt mit zum König des Landes. In der Krone dieses Königs befand sich ein unermeßlich wertvoller Edelstein. Nun hatten sich vier Diebe zusammengetan und diesen Edelstein mit List und Tücke und nach Befragung des Schicksals gestohlen. Der König hatte aber eine Tochter mit einem Liebhaber. Dieser hatte ihr aufgetragen, nicht zu sprechen und nie Antwort zu geben, selbst wenn die ganze Welt zu ihr spräche. So sollte man meinen, sie sei stumm. Jetzt ließ der König ausrufen, daß er seine Tochter demjenigen zur Frau geben werde, der sie zum Reden bringen könne.
Der Cousin der Kaufmannstochter aber hatte von diesem Ausruf gehört. So ließ er eine Versammlung einberaumen, zu der man alle Diebe und Räuber der Stadt brachte und sie sich setzen hieß. Außerdem spannte man einen Vorhang, hinter dem der Prinzessin ein Platz zugewiesen wurde. Dann erzählte der junge Mann die Erlebnisse seiner Kusine mit ihm. Zum Schluß sagte er: »Jetzt frage ich die hier versammelte Gesellschaft und auch die Prinzessin: Wer hat sich denn am großzügigsten verhalten?« Da rief jener,

der das Juwel gestohlen hatte: »Der Dieb war am großzügigsten! Denn sicherlich ist doch derjenige am großzügigsten, der in dunkler Nacht auf den Straßen auf eine junge Frau trifft, die 10000 Tuman Wert an Juwelen bei sich trägt, und sie gehen läßt!« Jemand anderes sagte: »Nein, der Löwe ist am großzügigsten gewesen. Denn wann sagt schon ein hungriger Löwe, dem eine Beute zwischen die Hände fällt, daß sie wieder gehen solle?« Noch ein anderer meinte: »Nein! Großzügig war nur der Bräutigam. Denn er hat doch all diese Ausgaben gehabt, bis er das Mädchen nach Hause brachte, und dann hat er es gehen lassen, selbst auf die Gefahr hin, daß ein anderer als er den Krug zerbreche!« – Sonst sagte niemand mehr etwas.
Da konnte die Prinzessin nicht weiter schweigen und rief: »Der wirklich Großzügige war der Cousin des Mädchens. Sie war doch mit Juwelen und Schmuck zu ihm gekommen und hatte sich ihm anvertraut. Er hat aber nicht Hand an sie gelegt, sondern vielmehr gesagt, sie solle wieder gehen! Unter euch aber ist jener, der gesagt hat, der Räuber habe am edelsten gehandelt, selbst der Dieb der Juwelen; und derjenige, der den Löwen am edelsten fand, ist ein ganz gieriger und gefräßiger Mensch. Nichts, was ihm an Essen zwischen die Hände fällt, läßt er liegen, er ißt es gleich auf. Und der gesagt hat, der Bräutigam habe sich am edelsten verhalten, ist ein feiger Mensch. Wenn seine eigene Frau Ehebruch begehen will, läßt er sie gehen! Wahrhaft edel war nur der Jüngling, in dessen Gewalt sie sich befand, und der dennoch zu dem Mädchen sagte, es solle zu seinem Mann zurückgehen.«
Man benachrichtigte den König mit den Worten: »Deine Tochter hat geredet, nicht nur ein Wort, nein zehn Worte! Und außerdem ist auch der Dieb deines Edelsteines gefunden worden.« Aus lauter Freude ließ der König sogleich

die Kesselpauke schlagen. Man ließ die ganzen Diebe laufen, nur den einen Juwelendieb behielt man da. Den jungen Mann aber brachte man vor den König, der ihn fragte: »Du, Jüngling, was für einen Beruf hat denn dein Vater?« Er antwortete: »O Mittelpunkt der Welt, möge Euch Wohlergehen beschieden sein! Mein Vater ist ein Kupferschmied. Als ich Eure Bekanntmachung las, wurde mir klar, daß jemand, der meine Geschichte hört und nicht stumm ist, sich dabei nicht einer Bemerkung enthalten kann. So hat ja auch Eure Tochter, die in Wirklichkeit gar nicht stumm ist, zu sprechen begonnen. Außerdem wollte mir mein Onkel seine Tochter nicht zur Frau geben, weil mein Vater nur ein Kupferschmied ist. So hoffte ich, daß Gott es vielleicht so wolle, daß ich der Schwiegersohn des Königs werde.« Da rief der König ihn zu sich und küßte ihn auf die Stirn mit den Worten: »Gepriesen seien Menschen wie du! Ursprünglich hatte ich diese Angelegenheit ja nur angefangen, damit ein jeder seine Eigenschaften aufdecken müsse und so mein Kronjuwel wiedergefunden werde.«

So ließ der König sieben Tage und Nächte in der Stadt feiern und verheiratete seine Tochter mit dem jungen Mann. Dieser holte einen seiner Verwandten zu sich, und in der Hochzeitsnacht legte man ihre Hände ineinander. Da wandte sich der Jüngling an seine Braut und sprach zu ihr: »Meine Frau! Ich habe dich einmal zum Sprechen gebracht. Das ist nun vorbei. Jetzt bin ich dein Mann geworden, und du bist meine Frau. Ob du jetzt reden willst oder nicht, es wird doch zum guten Ende kommen. Du selbst hat ja gefunden, daß meine Handlungsweise am edelsten war. Und jetzt verspreche ich dir, daß ich, solange ich lebe, keine andere Frau als dich anschauen werde!« Da begann das Mädchen, mit ihm zu reden. Hierauf fragte der

Jüngling sie: »Nun gut! Da wir jetzt Mann und Frau sind – mit wem hattest du ursprünglich einen Bund geschlossen?« Da erzählte sie: »Als ich in der Schule war, verliebte sich der Sohn des Gemüsehändlers in mich. Er weinte den

ganzen Tag und rief immerzu: ›Ich begehre dich! Aber du bist ja die Tochter des Königs. Was soll ich nur machen?‹ Da sagte ich zu ihm: ›Gut denn. So zeige mir einen Weg, wie ich zu dir gelangen kann.‹ Darauf riet er mir: ›Stelle dich so, als ob du stumm wärest. Ich werde mich als Arzt verkleiden. Wenn dann dein Vater schließlich für dich einen Arzt rufen läßt, wird er auch zu mir kommen. Ich werde mir von ihm die schriftliche Bestätigung geben lassen, daß er dich mir zur Frau geben wird, wenn du wieder zu sprechen beginnst.‹ So habe ich jetzt bereits einige Jahre lang nicht gesprochen, und immer habe ich darauf gewartet, daß mein Vater endlich die Erlaubnis gebe, nach einem Arzt zu senden. Aber noch immer hat er sie nicht gegeben. Nun wußte ich aber nichts vom Aufruf meines Vaters. Bei

der Beurteilung der Vorfälle fiel mir auf, daß jeder seine eigene Verhaltensweise hervorhob und denjenigen, der sich wirklich edel verhalten hat, mit Füßen trat. Das war der Grund dafür, daß ich mich nicht mehr beherrschen konnte. So sprach ich und sagte die Wahrheit. Nun hat sich also mein Schicksal für dich erfüllt. Auf jeden Fall sollte ich die Frau eines Untertanen werden. Jener war ein Gemüsehändler, und du bist ein Kupferschmied!«
Oben, da war das Mehl, und der Teig, der war unten – so hat die Geschichte ein Ende gefunden!

Wie einer gerecht zu teilen verstand

Es war einmal ein reicher Gutsherr, der hatte ein Dorf, eine Frau und vier Kinder: zwei Söhne und zwei Töchter. Eines Tages nahm der Bürgermeister des Dorfes fünf Gänse mit sich und brachte sie zum Gutsherrn. Dieser sprach: »Jetzt, da du die fünf Gänse mitgebracht hast, mußt du sie auch so verteilen, daß es keinen Streit gibt: Du darfst den Söhnen nicht mehr geben, damit die Töchter nicht neidisch werden; und du darfst ebensowenig den Töchtern mehr geben, damit die Söhne nicht neidisch werden.« Hierzu erwiderte der Bürgermeister: »Ich werde sie so verteilen, daß niemand zuviel oder zuwenig erhält!« So forderte ihn der Gutsherr denn auf: »Bitte, fang an! Wir wollen sehen, wie du teilst!«
Der Bürgermeister begann: »Nun gut! Ihr, Gutsherr, und Eure Frau, ihr seid zwei Personen: Eine Gans soll euch gehören, so seid ihr drei. Eure zwei Söhne sind auch zwei Personen: Eine Gans soll ihnen gehören, so sind sie auch drei. Eure zwei Töchter sind ebenfalls zwei Personen: Zu-

sammen mit einer Gans sind es drei. Ich selbst aber bin nur eine Person. So sollen mir zwei Gänse gehören, dann sind wir auch drei. Darauf werden wir alle in Gruppen zu dritt sein.«

Hierauf lachte der Gutsherr und forderte ihn weiter auf: »Wenn wir jetzt eine Gans schlachten: Wie wirst du ihr Fleisch verteilen, daß es keinen Streit zwischen uns gibt?« Der Bürgermeister erwiderte: »Gut! Schlachtet Ihr nur Eure Gans. Am Abend ladet mich dann ein, so werde ich kommen und die Gans aufteilen.« Am Abend kam er also wieder, gerade als man die gebratene Gans auftrug. Auf die Aufforderung, jetzt zu teilen, sprach er: »Herr Gutsbesitzer! Ihr seid der Kopf der Familie, also soll Euch auch der Kopf der Gans gehören.« So reichte er ihm also den Kopf. Zu den beiden Töchtern sprach er: »Wie lange wollte ihr noch im Hause eures Vaters sitzen? Ihr werdet ja doch eines Tages ausfliegen in die Häuser eurer Männer und Vater und Mutter allein lassen.« So nahm er die zwei Flügel der Gans und gab sie ihnen. Die zwei Söhne redete er an: »Nehmt hier die Füße der Gans, denn ihr sollt eines Tages den Weg gehen, den euer Vater gegangen ist.« Als letztes nun nahm er das Herz der Gans und reichte es der Frau des Gutsherrn mit den Worten: »Dies ist der Sitz der Liebe! Iß du das Herz der Gans, so wird sich deine Liebe und Zuneigung zu deinem Gatten verstärken!«

Darauf ergriff er für sich selbst den übriggebliebenen Rumpf der Gans und sprach: »Dies hier soll für mich sein und für die Mühe, die ich damit hatte, so gerecht unter euch aufzuteilen!«

Von den schlechten Freunden

Es war einmal ein Kaufmann, der hatte einen Sohn. Diesen ermahnte er regelmäßig mit den Worten: »Mein Sohn! Verbring doch deine Zeit nicht mit diesen Freunden und vergeude dein Geld nicht mit ihnen! Mach dir doch eher anständige Gedanken um dich selbst!« Aber der Sohn hörte nicht auf ihn.

Da ging der Vater zur Braut des Sohnes und sprach zu ihr: »Liebe Schwiegertochter! Ich weiß, daß die Freunde von Esfahan es nach meinem Tode auf das Geld meines Sohnes abgesehen haben. Wenn er dann eines Tages ein Bettler sein und keinen anderen Ausweg mehr sehen wird, als sich selbst zu töten, dann rate ihm, er solle durch diesen Ring an der Zimmerdecke ein Seil werfen und sich daran erhängen.« Und die junge Frau erklärte sich hierzu bereit.

Als der Vater gestorben war, hefteten sich alle jungen Männer von Esfahan an die Fersen des Sohnes. Nach der Trauerfeier begleiteten sie ihn nicht zum Laden seines Vaters, um ihn dort an dessen Stelle einzusetzen, vielmehr sprachen sie zu ihm: »Jetzt wirst du doch nicht etwa in den Laden gehen wollen. Jetzt ist eher die Zeit, sich zu amüsieren!« Sie ergriffen den Sohn bei der Hand und betraten mit ihm einen Park. Dort hatten sie alles zu einem Trinkgelage bereitgestellt und bedrängten nun den Jüngling, er solle auch trinken. »Nein«, erwiderte er, »ich habe bis jetzt noch nie etwas Alkoholisches getrunken.« – »Trink«, riefen sie, »wenn du bis jetzt noch nie etwas Alkoholisches getrunken hast, dann war es nur aus Angst vor deinem Vater.« In diesem Moment kam sein Diener und richtete ihm aus, seine Frau lasse fragen, ob er denn nicht komme? Er entgegnete: »Geh und sag ihr, daß ich nicht komme. Dann geh zum Laden und bringt mir jeden Tag von dort zwanzig

Tuman. Du aber setze dich an meiner Statt in den Laden!« Sechs Monate lang feierten sie so zusammen in dem Park, und der Diener brachte immer wieder neues Geld, welches sie ausgaben. Einmal aber sagte er: »Es ist kein Geld mehr da!« Da trug der Jüngling ihm auf: »Geh und verkaufe die Einrichtungsgegenstände des Hauses!« – »Das habe ich schon getan«, erwiderte der Diener, »bevor du es mir aufgetragen hast.« – »Dann geh und hole irgend etwas aus dem Laden!« – »Im Laden ist doch auch nichts mehr!« Da wandte sich der Jüngling an seine Trinkgenossen und bat: »Heute müßt ihr euch einmal um unsere Verpflegung kümmern.« Sogleich stand einer auf und ging weg, um Wein zu besorgen, ein anderer erhob sich, um Brot zu holen; ein dritter versprach, Fleisch zu bringen und ein vierter ging weg, um die Beilagen zu besorgen. Nachdem bereits eine Stunde verstrichen war und jene noch nicht wieder zurückgekommen waren, erhob sich der nächste, um zu schauen, wo denn derjenige geblieben sei, der Brot holen wollte; ein anderer erhob sich, um sich zu erkundigen, wo denn derjenige geblieben sei, der den Wein besorgen wollte; ein weiterer ging weg, um zu schauen, wo denn derjenige geblieben sei, der das Fleisch bringen wollte; und ein letzterer stand auf mit den Worten: »Ich will doch einmal sehen, was denn dieser Schurke so lange macht, der Joghurt und Gurken besorgen wollte!« So waren schon acht von ihnen gegangen und nur noch zwei übriggeblieben. Diese zwei nun meinten: »Kommt, wir wollen uns ein wenig lang hinstrecken. Diejenigen, die gegangen sind, werden uns wohl noch etwas warten lassen.« So legten sie sich zusammen hin. Sobald der Jüngling eingeschlafen war, schlichen sich diese beiden auch heimlich weg. Der Jüngling schlief ein klein wenig, und als er dann wieder aufstand, sah er, daß alle weg waren. Da sagte er bei sich:

»Ich will einmal nach Hause gehen und sehen, ob meine Frau etwas zu essen hat.« Als er zum Tor des Parkes kam, verstellte ihm der Parkwächter den Weg und verlangte von ihm die Miete. »Schon gut«, entgegnete er, »jetzt gehe ich sogleich und werde sie dir bringen lassen.« Der Wächter aber erwiderte: »Ich kenne dich und deine Genossen nicht. Laß mir als Sicherheit deinen Anzug hier.« Also zog der Jüngling Jacke und Hose aus und gab sie dem Wächter. Mit Hemd und Unterhose bekleidet kam er nach Hause zu seiner Frau. Zuerst schlich er sich um das Haus herum und sah, daß seine Frau sehr über ihn schimpfte. Da ging er gleich wieder weg. Auf dem Weg traf er einen von den Kaufleuten aus dem Basar, den er bat, ihm einen Tuman zu leihen. Er erhielt ihn und kaufte damit Brot und Fleisch und ging wieder zu seinen Genossen in den Park. Aber so sehr er dort auch am Tor klopfte, niemand achtete auf ihn und niemand öffnete ihm. Da legte er Brot und Fleisch auf den Boden und zwängte sich durch ein Loch in der Mauer hindurch. Dann streckte er wieder seine Hand aus, um das Tuch mit Brot und Fleisch nachzuholen, aber das hatte mittlerweile ein Hund weggeschleppt. Dann ging er in den Park hinein, wo er seine Genossen versammelt fand. Sie fragten ihn: »Wo bist du denn gewesen, und warum kommst du mit leeren Händen?« – »Bei Gott«, erwiderte er, »ich war zuerst nach Hause gegangen, aber dort wollte meine Frau nur mit mir streiten. Dann habe ich im Markt von einem Bekannten einen Tuman geliehen und davon etwas Brot und Fleisch gekauft.« – »Und wo ist dann das Brot und das Fleisch?« – »Das hatte ich auf den Boden gelegt, um durch ein Loch in der Mauer zu kriechen, da hat es so ein verfluchter Hund weggeschleppt.« Da rief der andere: »Du meinst wohl, du kannst uns zum Narren halten mit deiner Geschichte von dem Tuch mit Brot und

Fleisch und dem Hund. Geh weg und laß dich hier nicht mehr blicken!«
Da erhob sich der Jüngling, verließ den Park und ging wieder nach Hause. Dort fragte ihn seine Frau, was denn nun los sei. »Was soll ich denn nur machen«, erwiderte er. »Entweder«, entgegnete sie, »läßt du dich von mir scheiden. Oder du fängst endlich an, anständig zu arbeiten. Dieses Haus habe ich auf jeden Fall schon verpfändet.« Da sprach er: »So ist also jetzt der Augenblick gekommen, um meinem Leben ein Ende zu bereiten.« Und hiermit ergriff er ein Messer, um sich zu töten. Seine Frau aber hielt ihn zurück: »Nein! Für den heutigen Tag hat dein Vater dir aufgetragen, du sollest durch den Ring an der Decke ein Seil werfen und dich daran erhängen.« So erhob sich der Jüngling und warf ein Seil durch den Ring. Dann stellte er sich auf einen Hocker und wollte sich erhängen. Da löste sich der Ring und fiel nach unten und mit ihm fiel ein riesiges Vermögen an Goldmünzen auf den Boden. Da stand der Sohn wieder auf, küßte den Boden und rief: »Mein Vater! Mein Leben gehört dir. Du hast für mich soviel Geld gespart und mich heute vor dem Tod gerettet!«
Am nächsten Morgen machte er seinen Laden wieder auf. Er kaufte alles, was er zum Betreiben des Ladens benötigte und richtete ihn ein; außerdem brachte er auch alle Angelegenheiten seines Hauses in Ordnung. Als am nächsten Tag einige von seinen Trinkgenossen vorbeikamen, sahen sie, daß sein Laden wieder ordentlich eingerichtet war, und auch ein Diener stand an der Tür. Da sprachen sie untereinander: »Seht ihr! Er hat doch noch Geld gehabt, was er nicht ausgab!« So hielten sie sich zurück und ließen sich aus Scham eine Weile nicht mehr bei ihm sehen. Nach einer Weile aber begannen sie, vor seinem Laden vorbeizugehen, und nach zwei, drei Monaten ging einer von ihnen

direkt zu ihm hin, grüßte ihn und fragte ihn nach seinem Befinden. Der Jüngling antwortete ihm freundlich, und danach tauschten sie einige Höflichkeiten aus. Der Trinkgenosse bedrängte ihn: »Komm doch einmal, dann wollen wir denundden Freund besuchen, oder wir gehen ein wenig spazieren.« – »Gut«, erwiderte der Jüngling, »kommt am Freitag zu mir nach Hause, dann wollen wir von da aus etwas spazieren gehen.« Dann aber trug er seinem Diener auf: »Am Freitag bringe uns die Wasserpfeifen. Wenn wir sie dann zu Ende geraucht haben, nimm sie wieder weg.« Und der Diener erwiderte: »Zu Diensten.«

Am Freitag kamen dann die alten Trinkgenossen zu ihm, und alle freuten sich, daß sie ihn bald zu einem Spaziergang mitnehmen würden. Der Jüngling ließ sich eine Wasserpfeife bringen, und als er sie zu Ende geraucht hatte, nahm der Diener sie wieder weg. Die ganze Zeit aber saß er niedergeschlagen und in Gedanken versunken da. Schließlich sprachen ihn seine Genossen an: »Freund, was hast du denn? Warum bist du heute so betrübt und nachdenklich?« Da erzählte er: »Heute morgen hatten wir auf dem großen Tablett, das dort drüben auf dem Wasserbehälter steht, Fleisch kleingehackt. Da kam eine Katze und trug das ganze Tablett mit ihren Zähnen über die Leiter fort.« – »Sicher«, meinte da einer von ihnen, »das ist doch nicht weiter verwunderlich. Katzen mögen Fleisch sehr gerne. Warum soll sie es nicht zwischen die Zähne genommen und weggetragen haben?« Der Jüngling aber saß nachdenklich mit seinem Kopf aufgestützt da und sagte schließlich: »Ihr Hurensöhne! So ein großes Tablett soll also eine kleine Katze wegtragen können, aber ein Tuch, in dem bloß etwas Brot und ein paar Stückchen Fleisch sind, kann angeblich ein Hund nicht wegschleppen? Geht hinweg, ihr habt selbst über euch gerichtet!«

Der dankbare Fisch

Es war einmal ein Mann, der hatte eine Frau und eine Tochter. Er war ein Fischer. Jeden Morgen ging er zum Meer und fing Fische, die er bis zum Abend verkaufte. So lebte er vom Verkauf der Fische.
Seine Tochter ging in die Schule. Die Lehrerin, eine Witwe mit Tochter, wollte unbedingt den Vater des Mädchens heiraten und bedrängte es immer, es solle doch etwas tun, damit der Vater sie heirate. Am Abend dann kam das Mädchen nach Hause und bedrängte den Vater: »Heirate doch meine Lehrerin!« Aber der Vater erwiderte nur: »Ich habe doch nicht das Auskommen, um zwei Frauen zu ernähren!« Als das Mädchen dies der Lehrerin erzählte, trug sie ihm auf: »Geh mit diesem Krug zu deiner Mutter und sage, sie möchte dir etwas Essig geben. Wenn sie dann den Deckel vom Essigfaß nimmt, stoße sie in das Faß hinein und komm wieder zurück.« So ging das Mädchen zu seiner Mutter und sagte: »Die Lehrerin hat mir aufgetragen, ich solle etwas Essig für sie holen.« Als die Mutter am Faß stand, um Essig daraus zu entnehmen, stieß das Mädchen sie in das Faß hinein. Dann lief sie wieder in die Schule. Als sie am Nachmittag nach Hause kam, fragte ihr Vater sie: »Meine Liebe, wo ist denn deine Mutter?« – »Ich weiß nicht«, antwortete sie. Da standen sie auf und gingen durch das Haus, um sie zu suchen. Sie fanden sie, wie nur noch ihre Füße oben aus dem Essigfaß herausschauten und sie keinen Atemzug mehr von sich gab. Da trugen sie sie hinaus und legten sie zur Ruhe.
Bald darauf überbrachte die Lehrerin dem Mann eine Nachricht: »Du kannst doch das Mädchen nicht so lange ohne Mutter lassen. Nimm mich doch als deine Frau, ich werde schon gut für sie sorgen.« So heiratete der Fischer

also die Lehrerin. Sie behandelte das Mädchen zehn, fünfzehn Tage ganz gut, dann aber gab sie ihm immer, wenn der Vater Fischen gegangen war, die Fische und sagte: »Geh zum Strand und wasche sie.«
Eines Tages wusch das Mädchen gerade wieder die Fische, da rutschte ihr einer aus der Hand und fiel ins Wasser. Da begann das Mädchen zu weinen und klagte: »Wenn ich jetzt so nach Hause komme, wird mich die Frau meines Vaters sicher töten.« Da sah sie, wie ein großer Fisch aus dem Wasser an die Oberfläche kam, der einen anderen Fisch im Maul hatte. Den warf er an Land und sprach zu ihr: »Liebes Mädchen, weine nicht! Dieser Fisch soll Ersatz sein für den Fisch, der dir ins Wasser fiel. Ich werde anstatt deiner Mutter für dich sorgen. Setz dich ruhig hin, bis ich dir dein Mittagessen bringe.« Er tauchte unter und brachte dem Mädchen eine Schüssel mit Reis. Das Mädchen setzte sich hin und aß sich rund herum satt. Dann sprach der Fisch zu ihr: »Jedesmal, wenn du kommst, um hier Fische zu waschen, rufe: ›Mutter Fisch!‹ Dann werde ich kommen und dir alles, was du brauchst, besorgen.« So kam das Mädchen jeden Tag und ließ sich von dem Fisch Essen bringen.
Einmal wollte die Stiefmutter zu einer Hochzeit gehen. Zuerst ging sie in die Schule, sammelte dort alle dreckigen Kleider von den Kindern ein, nahm sie mit nach Hause und gab sie dem Mädchen mit den Worten: »Bis zum Nachmittag, wenn ich wiederkomme, mußt du diese gewaschen und getrocknet haben. Außerdem mach das Zimmer sauber, bis ich wiederkomme.« Das Mädchen nahm weinend die ganzen Kleider auf und lief zum Meer, wo sie rief: »Mutter Fisch!« Der große Fisch kam hervor und fragte: »Was ist denn, mein Kind?« – »Meine Stiefmutter«, antwortete das Mädchen, »hat mir alle diese

Kleider gegeben, die ich bis zum Abend waschen soll. Außerdem muß ich noch das Zimmer putzen.« – »Mach dir keine Sorgen«, erwiderte der Fisch. Er nahm die Kleider, tauchte mit ihnen unter und brachte dem Mädchen ein Kleid zurück. »Dieses Kleid«, sagte er, »wirst du selbst anziehen und dann auch zu der Hochzeit gehen. Aber hüte dich davor, dich erkennen zu geben.«

So zog das Mädchen das hübsche Kleid an. Als sie auf dem Fest ankam, staunten alle Leute über ihre Schönheit. Die Familie der Braut dachte, sie sei von den Verwandten des Bräutigams, und dessen Familie wiederum meinte, sie gehöre zu den Verwandten der Braut. Alle waren von ihrer Schönheit bezaubert, und das Mädchen tat so, als sei es aus der Familie eines Kaufmannes. Als es Nachmittag wurde, erhob sie sich früher als die anderen und sagte: »Ich muß jetzt nach Hause gehen.« Auf dem Heimweg mußte sie über einen Graben springen, da fiel einer ihrer Schuhe ins Wasser. Zurück am Strand rief sie: »Mutter Fisch! Einer meiner Schuhe ist im Wasser fortgeschwommen!« – »Mach dir keine Sorgen, mein Kind«, erwiderte der Fisch. »Die Schuhe gehören ja dir!«

Jetzt laßt aber einmal diese beiden. Den Schuh nämlich trug das Wasser fort bis nach Esfahan. Dort fand man den Schuh und brachte ihn vor den Schah Abbas. Als dort der Blick des Königssohnes auf den Schuh fiel, verliebte er sich sogleich in seine Eigentümerin, obwohl er sie noch gar nicht gesehen hatte. Und auf der Stelle schickte er eine Nachricht zu seinem Vater, daß er ihm die Eigentümerin des Schuhes bringen solle. Der König befahl, den Wasserlauf zu verfolgen und zu sehen, woher das Wasser komme. Bald erhielt er zur Antwort, daß der Bach seine Quelle in einer nahegelegenen Stadt, wie zum Beispiel Qom oder Kashan, habe. Nun befahl er, eine alte Heiratsvermittlerin

mit dem Schuh in die Stadt zu schicken; sie solle umhergehen und die Eigentümerin des Schuhes ausfindig machen. So ging die alte Frau von Haus zu Haus, bis sie zum Haus des Fischers kam. Zuerst rief die Lehrerin ihre eigene Tochter, aber ihr Fuß war viel zu groß. Sie drückte ihn, damit er in den Schuh hineingehe, aber so scheuerte er die Ferse auf. Die alte Frau rief: »Ja, wollt Ihr denn, daß er mit Gewalt passen soll?« Dann rief die Lehrerin ihre Stieftochter, damit sie den Schuh anziehen solle, und als sie es tat, sah die alte Frau, daß der Schuh genau für ihren Fuß genäht worden war. Die alte Frau schaute dem Mädchen ins Gesicht und sah, daß sie so schön war wie ein Diamant in der Asche.
Man benachrichtigte den Königssohn, daß man die Eigentümerin des Schuhes gefunden habe, und sogleich ließ er Brautwerber schicken. Die Stiefmutter aber wollte verhindern, daß der Prinz das Mädchen wirklich nehme, und so gab sie ihm überhaupt nichts als Brautgabe mit, sondern sagte: »Die Tochter eines Fischers besitzt nichts.« So nahmen die Brautwerber das Mädchen ohne irgend etwas mit auf den Weg nach Esfahan. Als das Mädchen sich aber einmal umdrehte, da sah es hinter sich sieben Maultiere und sieben Kamele, voll beladen mit Brautgaben, und auf jedem Kamel saß ein Sklave. Da dachte es bei sich: »Der Besitzer dieser Kamele ist auch nur ein Sklave von dir, mein Gott, genauso, wie ich ein Sklave von dir bin.« Denn sie hatte noch nicht verstanden, daß diese Kamele ihr selbst gehörten. Als man die Braut dann in das königliche Schloß führte, sah man, daß die Kamele auch hinterher kamen. Da fragte man die Sklaven: »Zu wem gehört ihr?« – »Dies ist die Mitgift der Braut«, antworteten die Sklaven, »und wir sind ihre Bewacher.« So überbrachte man dem König die Nachricht: »Als wir das Haus des Mädchens

verließen, war sie noch alleine. Als wir dann außerhalb der Stadt waren, sahen wir, daß ihr diese Kamele folgten.« Da sprach der König: »Wie dem auch immer sei, dahinter steckt ein Geheimnis.« Dann gab er den Befehl, die Mitgift zu bringen und die Pakete zu öffnen. Man fand lauter Dinge, wie sie eine Königstochter benötigt, und auch der zweite Brautschuh war dabei.

Da rief der König das Mädchen zu sich, und es erzählte ihm seine ganze Geschichte. »Sehr gut«, erwiderte der König, und zu seinem Sohn fuhr er fort: »Heute wirst du dieses Mädchen noch nicht berühren.« Am nächsten Tag bereitete man sich auf die Reise vor, holte die Braut und reiste zusammen zum Meeresstrand. Dort sagte er, sie solle die Fischmutter rufen, und das Mädchen rief: »Mutter Fisch!« – »Ja, mein liebes Kind«, antwortete der Fisch, als er emporkam, »was möchtest du?« Das Mädchen antwortete: »Ich habe den König mitgebracht, damit er Wahrheit und Lüge voneinander unterscheiden lernt.«

Da erzählte der Fisch: »Ja, ich bin die Tochter des Feenkönigs. Ich war einmal in einen Fisch verwandelt, als der Vater des Mädchens mich mit seinem Netz fing. Weil ich durch das Mädchen wieder erlöst wurde, habe ich geschworen, ihm, was auch immer passiere, zur Seite zu stehen.« Da nahm der König das Mädchen wieder mit zurück. Sodann ließ er nach der Stiefmutter schicken und tadelte sie: »Das Mädchen war ja noch ein Kind und wußte nicht, was es tat. Aber du, was soll ich mit dir machen? Soll ich dich ins Gefängnis stecken, oder soll ich dich aufhängen lassen?«

Das Lächeln der Schwester

Einer war, einer war nicht. Es war einmal ein König, der hatte drei, vier Söhne. Denn jedesmal, wenn eine seiner Frauen eine Tochter zur Welt brachte, ließ er dieser den Kopf abschlagen. Eines Tages wollte er einmal auf die Jagd gehen. Da seine Frau kurz vor der Geburt stand, trug er einem seiner Söhne auf: »Mein Kind! Wenn deine Mutter ein Mädchen zur Welt bringt, dann schlage diesem Mädchen den Kopf ab und tränke sein Hemd mit seinem Blut. Dies hänge dann oben am Stadttor auf, damit ich bei meiner Rückkehr gleich weiß, daß sie ein Mädchen geboren hatte und du es getötet hast. Wenn sie aber einen Jungen zur Welt bringt, dann erfülle ihm jeden Wunsch.« Als der König noch weg war, gebar die Frau ein Mädchen. Sogleich rief der Prinz seinen Diener, der ein hartherziger und grausamer Mensch war, und sprach zu ihm: »Nimm dieses Kind und trage es in eine Ecke des Gartens. Dort schneide ihm den Kopf ab und bring ihn mir sogleich!« Der Diener nahm das Kind bei den Windeln und trug es in eine Ecke des Gartens, wo er es hinlegte. Dort zog er sein Messer, um es ihm an den Hals zu setzen, als das Kind ihn anlächelte. Da nahm er das Kind wieder hoch und brachte es zurück mit den Worten: »Ich kann es nicht töten!« Der Prinz aber schalt ihn aus: »Gleich gehst du wieder mit dem Kind, schlägst ihm den Kopf ab und bringst ihn mir!« So ging der Diener ein zweites Mal, aber als er dem Kind wieder den Kopf abschlagen wollte, lächelte es wieder. Kurzum, dreimal versuchte dieser Diener, dem Kind den Kopf abzuschlagen, aber dreimal lächelte es. Da ging er wieder zum Prinzen zurück und sprach: »Ich schwöre bei Gott! Selbst wenn der König mich töten läßt, ich kann diesem Kind nicht den Kopf abschlagen!«

Da entgegnete der Prinz notgedrungen: »Also werde ich es selbst nehmen und ihm den Kopf abschlagen!« So nahm er also das Kind, aber auch als er selbst es hinlegte, um ihm den Kopf abzuschlagen, lächelte es. Da nahm er es mit Tränen in den Augen wieder hoch und sprach: »Bei Gott! Ich bin ja noch schlimmer als dieser hartherzige Diener!« Nun wußte der Prinz von einem Kellergewölbe, in dem er das Kind versteckte. Dann fing er eine Taube, tötete sie und beschmierte mit ihrem Blut das Hemd des Kindes. Dieses Gewölbe hatte einen Ausgang zum Schloß hin und einen zweiten zu einem draußen gelegenen Hof.

So wuchs das Mädchen in diesem Kellergewölbe vierzehn Jahre lang auf. Sie sah niemanden außer ihrer Mutter und ihrem Bruder, und lebte bei Nacht und bei Tag im Kerzenlicht. Eines Tages war einmal ein Fest, von dem der Bruder für sie einige Süßigkeiten mitbrachte. Da nahm das Mädchen ihn am Rockzipfel und bat: »Lieber Bruder, du gehst immer hinaus und bringst mir Nachrichten von jener anderen Welt! Ach, nimm mich doch einmal mit in jene Welt, damit ich sie selbst sehen kann. Meine Mutter erzählt mir immer, daß es in der Welt eine Sonne gibt, und Pflanzen, Sterne, Blumen und eine mondhelle Nacht! Ach, nimm mich doch einmal mit in jene Welt!« Ihr Bruder aber weinte: »Ach, liebe Schwester! Wie soll ich dich denn mitnehmen, jene Welt anzuschauen, wenn der König mich dann töten würde?«

Als er ging, lief sie weinend hinter ihm her. Da fiel auf einmal Licht auf ihre Augen, und das Mädchen sah, daß dies nicht wie das Licht der Kerze war. Da rief sie: »Bei Gott! Jetzt bin ich an den Anfang der Welt gelangt!« So kam sie an der Seite, die zum Schloß des Königs hin gelegen war, aus dem Kellergewölbe heraus. Als sie den Garten betrat, begann sie, wie verrückt hin und her zu laufen,

da sie so etwas ja noch nie gesehen hatte. Der König betrachtete sie von seinem Schloß aus und sah, daß dort unten im Garten ein Mädchen umherlief, schön wie die strahlende Sonne. Sogleich stand er auf, lief hinter ihr her und fing sie ein. Dann fragte er sie: »Du Nahrung meines Herzens, woher kommst du denn, daß du so wie wild hier herumläufst?« Dann legte er sie auf den Boden, um mit ihr zu schlafen, als plötzlich der Prinz rief: »Vater! Was tust du da?« – »Du Tollkopf«, erwiderte der König, »was hast du zu so einer Zeit hier zu tun?« – »Ich bin gekommen, damit du so etwas nicht tust«, entgegnete der Prinz, »es ist dir verboten.« – »Ich habe doch die Heiratsformel ausgesprochen, so daß es mir gestattet ist!« – »Nein Vater, sie ist dir grundsätzlich verboten. Du kannst dich nicht mit ihr legen!« – »Und wieso nicht?« fragte der König. Da erwiderte der Prinz: »Sie ist deine Tochter!« Und als der König meinte, er habe doch gar keine Tochter, erzählte der Prinz die ganze Geschichte von Anfang bis Ende und schloß mit den Worten: »So habe ich sie also bis jetzt in diesem Kellergewölbe großgezogen.«
Da wurde der König wütend und rief nach dem Scharfrichter. Zwar hatte er von dieser einen Frau, die seine Lieblingsfrau war, nur diese beiden Kinder, trotzdem sagte er zu dem Scharfrichter: »Nimm diesen Bruder und diese Schwester und schlage ihnen beiden den Kopf ab!« Seine Berater aber fielen vor ihm auf den Boden und baten: »Morgen wird der König erzürnen und sagen: ›Warum habt ihr gestern, als ich wütend war, zugelassen, daß mein Sohn getötet wurde!‹ Möge Euch, o Mittelpunkt der Welt, Wohlergehen beschieden sein! Tötet diese beiden nicht, sondern verweist sie vielmehr des Landes. Warum wollt ihr denn eigentlich keine Mädchen als Nachkommen?« – »Der Sterndeuter hat in meinen Sternen gesehen, daß es

mein Tod wäre, wenn ich eine Tochter hätte«, entgegnete der König. »Also habe ich bisher immer alle Mädchen töten lassen.« Trotzdem nahm der König den Vorschlag seiner Berater an, und nachdem der eine ihnen noch tausend Tuman und der andere ihnen ein Pferd gegeben hatte, befahl er: »Bringt diese beiden aus meinem Land fort!« Zusammen mit einigen Wächtern machten sie sich auf den Weg. Vorher verabschiedete der Prinz sich zusammen mit seiner Schwester noch von der Mutter, die zu ihm sagte: »Mein Sohn: Vor deinem Vater bist du jetzt schuldig geworden. Aber Gott soll dich beschützen. Werde du nur nicht vor Gott schuldig!« Dann reisten sie ab, und die Wächter brachten sie über die Grenzen des Reiches.
Der Prinz war mit einem dieser Wächter eng befreundet und sprach zu ihm: »Mein Freund, meine Mutter wird von sich aus alleine nicht nachkommen wollen! Wenn ich dir später einmal einen Brief schreibe, dann bring ihn zu meiner Mutter und bringe mir auch ihre Antwort. Bleibe weiter mein Freund. Wir aber wollen sehen, was Gott für uns bereithält!« So verabschiedeten sie sich, die Wächter reisten zurück und der Prinz und seine Schwester setzten sich hintereinander auf ein Pferd und zogen in die Wüste. Wann immer sie zu einem grünen Fleck kamen, ging der Prinz auf die Jagd, und seine Schwester sammelte etwas Brennholz. So zogen sie einen Monat umher, bis sie einmal in eine Wüste kamen, wo es nicht das geringste Pflänzchen gab. So waren sie gezwungen, ihr Pferd zu schlachten. Sie ernährten sich Tag und Nacht von seinem Fleisch, bis sie eines Tages an einen riesigen Berg kamen, an dessen Fuß Wasser floß, und wo es Pflanzen und große Bäume gab. Da sagte der Prinz zu seiner Schwester: »Liebe Schwester! Laß du dich hier ein wenig nieder, damit ich inzwischen gehe und sehe, was ich auf der Jagd auftreiben

kann.« Das Mädchen aber entgegnete: »Ich fürchte mich vor diesem Berg. Sicherlich gibt es dort viele Höhlen, und ich habe Angst, daß vielleicht ein wildes Tier von dort kommt und mich fressen will. So werde ich mich hier hinlegen, und du deckst mich mit einem Fell zu. Wenn dann ein wildes Tier kommt, wird es glauben, ich sei auch ein Tier, das dort schlafe.« So legte sich also das Mädchen hin und schlief, und der Prinz ging auf die Jagd. Er erlegte eine Gazelle, die brieten sie zusammen und aßen sich satt. Dann sagte der Prinz zu seiner Schwester: »Ruh du dich jetzt hier aus. Ich werde ein wenig auf dem Berg dort oben umhergehen und dann wieder zurückkommen.« Als er oben auf dem Berg angekommen war, sah er, daß dort ein Gebäude mit zwei, drei Zimmern stand. Aber das Gebäude sah nicht so aus, als sei es von Menschenhand erbaut. Auch war nichts in den Zimmern, und kein Mensch war zu sehen. Da ging er wieder zurück, aber gerade als er unten am Berg angekommen war, stand ihm ein großer Div gegenüber, der ihn anschrie: »Du Menschlein! Was tust du denn hier? Willst du denn das Herz deiner Mutter bekümmern? Laß uns miteinander ringen!« Sie umschlangen sich gegenseitig, aber Muhammad, so hieß der Prinz, rief Gott an, hob den Div hoch in die Luft und warf ihn nieder auf den Boden. Dann zog er seinen Dolch, um den Kopf vom Körper abzutrennen, der Div aber legte seine Hand auf seine Schulter und rief: »Jüngling, töte mich nicht! Ich bekenne mich zu diesem Gott, den du als deinen erkoren hast. Bis jetzt hat mich noch nicht einmal ein anderer Div niederwerfen können. So will ich jetzt auch Muslim werden und deinen Gott annehmen.«
Da erhob sich Muhammad von seiner Brust, stand auf und ging zurück zu der Quelle. Dort sagte er zu seiner Schwester: »Liebe Schwester! Steh auf und komm! Dort oben auf

dem Berg hat Gott für uns gesorgt. Dort sind zwei, drei schöne Zimmer. Wir wollen jetzt am Tag hier herunter zu der Quelle kommen, die Nacht aber verbringen wir in den Zimmern!« So ergriff er die Hand des Mädchens und ging mit ihr hinauf. Ihr Reisegepäck nahmen sie mit nach oben, das Pferd aber banden sie dort unten an einem Baum an. Dann legten sie sich nieder und schliefen.

Am nächsten Morgen stand der Prinz auf und sagte: »Ich werde jetzt auf die Jagd gehen. Liebe Schwester, gehe nicht nach unten, damit dich ja nicht ein wildes Tier packt!« Als der Jüngling gegangen war, setzte sich das Mädchen nieder. Da sah sie plötzlich, wie ein Div auf sie zukam. Sie wollte gerade weglaufen, um zu fliehen, aber der Div verstellte ihr den Weg und sprach: »Du Hübsche! Wohin willst du denn? Ich tue dir doch nichts!« Sie aber erwiderte: »Bist du denn nicht vom Geschlecht der Dämonen? Ich aber bin doch ein Mensch.« – »Sicher«, entgegnete der Div, »aber wenn du bereit bist, daß ich dein Gatte werde, dann will ich dir alle möglichen Wohltaten erweisen!« Das Mädchen, das ja vollkommen unerfahren war, willigte ein, und sogleich legte sich der Div zu ihr. Als es dann Nachmittag wurde, erhob er sich, um zu gehen. Das Mädchen aber erkundigte sich besorgt: »Wohin willst du gehen?« – »Ich gehe«, antwortete der Div, »damit dein Bruder mich nicht hier sieht, wenn er zurückkommt.« Das Mädchen fragte: »Kannst du denn nicht mit ihm ringen und ihm sagen, daß hier dein Haus und dein Heim sei?« – »Nein«, entgegnete der Div, »wenn es der gleiche Jüngling ist, den du beschrieben hast, dann habe ich schon mit ihm gerungen und bin ihm nicht ebenbürtig. Dann ist es besser, daß er mich nicht sieht.« Das Mädchen war einverstanden und rief noch: »Gut, dann komm morgen früh wieder!«

Auf der einen Seite des Berges ging der Div herunter, auf der anderen Seite kam der Bruder des Mädchens wieder hoch. Er hatte eine Gazelle gefangen, die sie brieten und zur Hälfte als Mittagessen, zur Hälfte als Abendessen aßen. Als der Jüngling dann am folgenden Morgen auf die Jagd gegangen war, kam der Div wieder. Das Mädchen sagte zu ihm: »Kannst du nicht etwas tun, daß du nicht immer wieder fortgehen mußt?« – »Ich habe keine andere Möglichkeit«, erwiderte der Div, »aber ich will dir alles bringen, was du begehrst. Ich werde alles in dem hintersten Zimmer zusammentragen. Dann mußt du deinem Bruder sagen, daß ihr ja das letzte Zimmer noch gar nicht betrachtet hättet.« – »Das ist kein schlechter Gedanke«, entgegnete das Mädchen. So schrieb sie eine Liste mit den Sachen und gab sie dem Div. Der Div besorgte alles sogleich und trug es in dem hintersten Zimmer zusammen. Als dann ihr Bruder nach Hause kam, sah er, daß sich etwas in dem Zimmer verändert hatte, und fragte: »Liebe Schwester! Woher hast du denn diesen Teppich?« – »Lieber Bruder«, antwortete sie, »heute war mir etwas langweilig. Da bin ich in den Zimmern umhergegangen und sah, daß alle diese Sachen in einer Ecke des Zimmers zusammengeknüllt dalagen. Da dachte ich bei mir, wo wir doch jetzt schon einmal die Zimmer in Besitz genommen haben, können wir doch auch die Sachen benutzen, bis sich der Eigentümer wiederfindet!« – »Schade nur, daß wir sie nicht gleich am ersten Tag gefunden haben«, erwiderte der Bruder. »Jetzt aber brate du diese Gazelle und bereite eine Mahlzeit zu, damit wir zusammen etwas essen!«
Inzwischen war das Mädchen schwanger geworden und ihr Bauch wurde von Tag zu Tag dicker. Einmal sagte ihr Bruder zu ihr: »Ich verstehe das nicht! Wieso wird denn dein Bauch so dick? Sicherlich fällt dir das Alleinsein so

schwer und aus Kummer darüber bläht sich dein Bauch auf!« Das Mädchen erwiderte: »Mein Bruder! Das hat nichts damit zu tun, daß ich alleine bin. Ich esse nur zu viel, und davon werde ich dick. Aber es ist doch immer noch das beste, daß du jeden Tag auf die Jagd gehst und etwas mitbringst, damit wir etwas zu essen haben und hier weiter leben können.«

Eines Tages, als der Bruder gerade auf der Jagd war, kam das Mädchen nieder, und der Div selbst half bei der Geburt. Sie brachte einen Jungen zur Welt, der oberhalb des Gürtels wie ein Mensch aussah, unterhalb des Gürtels aber wie ein Div. Als es kurz vor der Zeit war, an der ihr Bruder zurückkommen würde, sagte sie zu dem Div: »Geh in das hintere Zimmer und verstecke dich dort.« Diese Nacht ging vorbei, und am nächsten Morgen, als der Bruder wieder zur Jagd gegangen war, sagte das Mädchen zu dem Div: »Nimm das Kind und lege es neben die Quelle.« Als der Jüngling am Nachmittag zu der Quelle kam, sah er, daß neben der Quelle etwas lag. Er sah näher hin und bemerkte, daß es ein Kind war, dessen Körper zur Hälfte der eines Menschen, zur anderen Hälfte der eines Div war. Er ging hoch auf den Berg und sagte zu seiner Schwester: »Neben der Quelle liegt etwas, dessen Körper ist zur Hälfte der eines Menschen, zur Hälfte aber der eines Div.« Sie erwiderte: »Lieber Bruder! Willst du nicht so nett sein und es mir holen, damit ich es betrachten kann?« – »Sicher, ich gehe und hole es dir, das ist nicht weiter schlimm!« – »Dann geh und hole es mir!« Also ging der Bruder und holte das Kind. Das Mädchen tat so, als ob es ihr gleich gefiel und rief: »Mein lieber Bruder! Ich bitte dich, laß es bei mir! Wenn du dann am Tag auf die Jagd gehst, habe ich etwas, womit ich spielen kann!« – »Gut«, entgegnete der Jüngling, »nur fürchte ich, daß seine Eltern es suchen werden!« – »Und wenn schon«, meinte das Mädchen. »Laß es bei mir, damit ich tagsüber mit ihm spielen und mir die Zeit vertreiben kann.« – »Aber Schwester«, warf der Bruder ein. »Dieses Kind braucht doch Milch, es kann doch noch nicht richtig essen!« Sie aber entgegnete: »Ich werde meine Brust in seinen Mund legen. Und wenn Gott dieses Kind lieb hat, dann wird aus meinen Brüsten Milch kommen!« – »Gut, tue du deine Brust in seinen Mund. Gottes Macht ist groß!« – Zwei Tage lang gab sie dem Kind versteckt Milch, am dritten Tag aber sagte sie zu ihrem Bruder: »Schau, lieber Bruder, es ist unglaublich! Drei Tage lang hat das Kind an meinen Brüsten gesaugt und jetzt geben sie Milch!«

Kurzum, das Kind wurde sieben Jahre alt. Zu dem Prinzen sagte es Onkel, und seine Mutter redete es als Mutter an. Die Mutter aber hatte dem Kind aufgetragen: »Wenn du deinem Onkel sagst, daß dein Vater hier ist, dann wird er mich töten. Sag deinem Onkel nie, daß du hier einen Vater hast!« Der Prinz nannte den Jungen Hormoz. Jeden Tag nahm er ihn mit auf die Jagd und lehrte ihn das Bogenschießen und den Schwertkampf. Und da Hormoz ein halber Div war, war er im Alter von sieben, acht Jahren schon so kräftig, daß er beim Ringkampf bald seinen Onkel niederwerfen konnte. Und der Prinz hatte ihn so lieb, daß er ihm sogar lieber war als seine eigene Schwester.

Eines Tages sagte das Mädchen zu ihrem Mann, dem Div: »Wollen wir wirklich unser ganzes Leben so verbringen? Gib dich doch meinem Bruder gegenüber zu erkennen!« – »Nein«, sagte der Div, »ich bin ihm nicht ebenbürtig. Gott hat ihm solch eine Kraft verliehen, daß er mich tötet, wenn ich Streit mit ihm anfange.« – »Dann denk dir doch irgendeine List aus, mit der wir ihn töten können, um endlich unsere Ruhe zu haben«, stachelte das Mädchen ihn an.

– »Ich werde ein Haar von den Haaren des Salomo holen«, sagte der Div. »Dann werde ich dir sagen, was du tun mußt.« – »Gut, dann geh«, entgegnete das Mädchen. – »Aber es wird zwei Tage dauern, bis ich wieder da bin«, erwiderte der Div. »Nein, dann geh nicht«, rief das Mädchen, »ich halte es nicht aus, so lange von dir getrennt zu sein.« – »Was sind denn das für Worte«, entgegnete der Div, »wenn ich eine Stunde von dir weg bin, sind es für mich doch wie tausend Jahre!« So ging der Div also weg. Nach zwei Tagen kam er wieder und hatte ein Haar dabei, das war so dick wie das Haar vom Schwanz einer Kuh. Dies gab er dem Mädchen, wobei er ihr erklärte: »Heute abend wirst du mit deinem Bruder im Spaß ringen. Dabei sprich zu ihm: ›Wenn du gewinnst, dann sollst du mich mit einem Haar von deinem Kopf fesseln, das will ich dann zerreißen. Wenn ich aber gewinne, dann will ich dich mit einem Haar von meinem Kopf fesseln, damit du es zerreißt.‹« Das Mädchen erwiderte: »Sehr gut!«, und da sie jetzt die besondere Eigenschaft des Haares verstanden hatte, versteckte sie es unter ihrem Kopfhaar. Dann fuhr sie fort: »Gut, aber solange Hormoz hier ist, können wir nichts unternehmen.« – »Gut«, erwiderte der Div, »dann sage du dem Hormoz morgen, er solle allein auf die Jagd gehen, damit sein Onkel sich einmal ausruhen könne.«
Die Nacht ging vorbei, und am nächsten Morgen sagte das Mädchen zu Hormoz: »Jeden Tag geht dein Onkel mit dir zusammen auf die Jagd. Heute geh du einmal allein auf die Jagd, damit ich sehe, wie weit deine Fähigkeiten und dein Talent gediehen sind!« – »Sicher«, erwiderte Hormoz. »Heute gehe ich allein, und mein Onkel soll sich ruhig ausruhen.« So ging er weg. Da wandte sich das Mädchen dem Bruder zu und sprach: »Lieber Bruder, laß uns ein wenig miteinander raufen und uns so die Zeit vertreiben.« – »Wie

du willst«, erwiderte der Bruder. Und so rangen sie hin und her. Zwei, drei Mal gewann der Bruder, da fing seine Schwester an, zu weinen und sprach: »Immer gewinnst du!« Darauf gab der Bruder beim nächsten Mal ein wenig nach, so daß diesmal die Schwester gewann. Da nahm sie von ihrem Kopf das Haar und band ihrem Bruder die Handgelenke. Dann sprach sie: »Jetzt reiße es entzwei!« Er zerrte daran, sah aber, daß es nicht zerriß. Da wunderte sich der Prinz und dachte: »Was ist das nur für ein merkwürdiges Haar!« Ein zweites Mal riß er heftig daran, da schnitt sich das Haar in die Haut ein, und als er ein drittes Mal daran zerrte, schnitt es sich durch das Fleisch bis auf den Knochen. Da sagte er zu seiner Schwester: »Liebe Schwester! Was ist denn das für ein Haar, mit dem du mich da gefesselt hast? Ist es eine Säge, ist es eine Kette, ist es ein Messer, das in meine Hand schneidet? Wenn ich noch einmal daran zerre, dann wird es meine Hand abreißen!« Da rief das Mädchen den Div mit den Worten: »Jetzt tu mit ihm, was du tun willst!« Sogleich kam der Div mit einem Messer, packte den Prinzen am Hals und begann, ihm die Kehle durchzuschneiden. Als er sie halb durchgeschnitten hatte, sagte er zu dem Mädchen: »Jetzt ist es genug!« – »Gut«, erwiderte sie, »dann nimm ihn jetzt mit gebundenen Händen, wie er ist, und wirf ihn in einen tiefen Brunnen.« Der Div packte den Prinzen und schleppte ihn in ein Tal, in welchem sich gewöhnlich die wilden Tiere versammelten. Dort warf er ihn hin.

Doch lassen wir diese und schauen nach dem Jüngling Hormoz. Dieser hatte bereits einen großen Wildesel erjagt, aber er dachte bei sich: »Meine Mutter hat gesagt, daß sie sehen wolle, wie weit meine Fähigkeiten und mein Talent gediehen seien. Also will ich aus dem Tal der wilden Tiere einen Panther, einen Löwen oder einen Leoparden fangen, und ihn zusammen mit diesem Wildesel zurückbringen.« Als er an den Anfang des Tales kam, hörte er von weitem ein Ächzen und Stöhnen. Er ging den Geräuschen nach und fand den Prinzen, wie er mit schwacher Stimme rief. Sein Kopf war halb abgeschnitten, aber nicht ganz vom Körper abgetrennt. Die Laute kamen aus seiner halb aufgeschnittenen Kehle. Sogleich hob Hormoz seinen Onkel auf und trug ihn aus dem Tal der wilden Tiere hinaus. Er legte ihn an der Quelle am Fuß des Berges nieder, ging selbst oben auf den Berg und holte aus dem Zimmer seines Vaters das heilende Öl des Salomo und brachte es zurück. Damit rieb er den Nacken seines Onkels ein, setzte den Kopf richtig auf den Hals und fügte es so wieder zusammen. Dann sprach er zu ihm: »Lieber Onkel! Wäre ich doch für dich gestorben! Wer hat dich denn so zugerichtet?« Der Onkel erwiderte: »Zuerst einmal löse meine Hände, dann werde ich es dir erzählen.« Hormoz schaute und sah, daß seine Hände mit dem magischen Haar gebunden waren. Wieder fragte er: »Lieber Onkel! Woher ist denn dieses Haar, und wer hat deine Hände damit gebunden?« – »Mein liebes Kind«, erwiderte der Prinz, »jetzt habe ich begriffen, warum mein Vater keine Tochter unter seinen Nachkommen haben wollte, und was dabei sein Ziel war. Dieses Haar hat deine eigene Mutter um meine Hände gebunden, und offensichtlich war es dein Vater, der mir danach den Kopf abgeschnitten hat.« – »Sehr gut«, entgegnete Hormoz. Und sogleich warf er den gefangenen Wildesel auf den Boden, schnitt ihm den Kopf ab und briet ihn. Ein wenig von dem Fleisch gab er seinem Onkel und sprach: »Bleib du ruhig hier sitzen, bis ich wiederkomme!« – »Was willst du denn tun?«, fragte der Prinz. – »Bei demjenigen, der dich erschaffen hat, und bei demjenigen, den zu verehren du mich gelehrt hast! Ich will nichts von diesem Fleisch essen, bis ich nicht meinen Vater und meine Mutter getötet habe!« rief Hormoz aus. Der Onkel aber entgegnete: »Laß doch ab von diesen beiden! Wenn du bei mir bleiben willst, dann laß uns zusammen in mein Vaterland zurückkehren. Zehn

Jahre lang habe ich mit dieser Schwester oben auf dem Berg verbracht, und das ist nun die Vergeltung dafür!« Hormoz aber rief: »Ich habe es geschworen, jetzt kann ich nicht einfach so weggehen! Bleib du hier, bis ich wiederkomme.«

Weinend ging Hormoz den Berg hinauf, bis er zu seiner Mutter kam. Sie fragte ihn: »Wo ist denn deine Jagdbeute?« – »Gleich zeige ich dir meine Jagdbeute«, rief Hormoz, und mit diesen Worten sprang er auf den Div zu und packte ihn am Hals. »Du Verfluchter!«, rief er, »du wolltest meinen Onkel töten!« Und mit einem Schlag trennte er seinen Kopf von einem Ohr bis zum anderen vom Körper ab. Die Mutter rief voll Entsetzen: »Mein Sohn! Bist du denn verrückt geworden? Was tust du denn da!« Er aber erwiderte: »Mach dir keine Sorgen! Gleich werde ich deinen Kopf auch auf seine Brust legen!« Hiermit warf er seine Mutter auf den Boden und schlug ihr den Kopf ab. Dann packte er beide Köpfe zusammen, nahm sie mit und brachte sie zu seinem Onkel. Der Prinz begann, um seine Schwester zu weinen und klagte: »Hormoz, da hast du schlecht gehandelt!« Hormoz aber verteidigte sich: »Nein, lieber Onkel, ich habe ganz richtig gehandelt! Ich würde ja die ganze Welt für ein Haar von dir geben. Und eine Schwester, die ihren eigenen Bruder fesselt und ihn so dem Tod überliefert, ist tot besser als lebendig!« Der Prinz erwiderte: »Jetzt müssen wir aber wenigstens ihre Leiche herunterholen und beerdigen.« Da der Prinz selbst keine Kraft besaß, nahm Hormoz ihn auf die Schultern und trug ihn nach oben. Oben angelangt trug der Prinz dem Hormoz auf, eine Grube zu graben und seine Mutter darin zu begraben. Weiter sagte er: »Was deinen Vater angeht, so war er ja ein Div, und ich weiß nicht, wie man mit einem toten Div verfahren sollte. Was du auch immer mit ihm tun willst, das tu!« Hormoz erwiderte: »Da er meinen Onkel in das Tal der wilden Tiere getragen hatte, will ich meinen Vater selbst ebenfalls in das Tal der wilden Tiere bringen, damit sie ihn dort zerfleischen.«

Einen ganzen Monat lang ließ Hormoz seinen Onkel ruhen. Tagsüber ging er auf die Jagd und pflegte seinen Onkel, bis er wieder gesund war. Da sprach der Prinz: »Nun, Hormoz! Wenn ich jetzt nach meiner Vaterstadt zurückkehren will, wirst du dann mit mir kommen?« – »Lieber Onkel«, gab Hormoz zur Antwort, »was für eine Frage stellst du mir denn da! Ich habe doch meinen eigenen Vater und meine Mutter für dich getötet, wie soll ich mich da von dir trennen können?« – »Mein Sohn«, fuhr der Prinz fort, »wenn wir jetzt von hier fort wollen, habe ich doch kein Pferd. Und wir können doch nicht alle diese Sachen auf unseren Köpfen tragen! Was sollen wir da tun?« – »Mach dir keine Sorgen«, erwiderte Hormoz. »Ich werde einen Wildesel fangen und ihm das Zaumzeug und die Zügel deines Pferdes anlegen. Dann können wir ihn mit Last beladen und ihm alle Sachen aufladen.« Hiermit war der Prinz einverstanden.

So ging Hormoz fort und jagte eine Gazelle und einen Wildesel, die er zurückbrachte. Den Esel banden sie zuerst fest, die Gazelle aber brieten sie und aßen sie auf. Dann warfen sie dem Esel das Zaumzeug über und beluden ihn mit ihren Sachen. Da der Prinz ja aber erst kurz von der Krankheit genesen war, konnte er nicht auf dem Esel reiten, und so trug ihn Hormoz auf seinen eigenen Schultern, bis sie zwei Kilometer vor der Stadt angelangt waren. Tagsüber jagten sie und reisten weiter, bis sie zu der Stadt gelangten. Dort angekommen, schrieb der Prinz seinem Vater alles, was vorgefallen war und schloß mit den Worten: »Jetzt lagere ich zwei Kilometer vor der Stadt. Wenn es Euch genehm ist, daß ich zu Euch komme, dann empfangt mich; wenn es Euch aber nicht gefällt, dann benachrichtigt mich davon, dann werde ich wieder abreisen und mein Leben auf eben jenem Berg weiterführen.«

Als der König den Brief seines Sohnes in den Händen hielt, freute er sich sehr. Sogleich ließ er einen Ausrufer bekanntgeben: »Jeder, der den König gern hat, soll kommen und seinen Sohn mit ihm in Empfang nehmen!« Da strömten die Einwohner der Stadt nach draußen und führten den Prinzen unter feierlichem Geleit in die Stadt mit großem Jubel darüber, daß endlich nach zehn Jahren der Sohn des Königs wieder da war. Dann sprach der König zu ihm: »Mein Sohn! Jetzt weißt du, warum ich, wenn mir eine

Tochter als Nachkomme geboren wurde, sie immer töten ließ. Wenn dieses Mädchen hier aufgewachsen wäre und hier gelebt hätte, dann hätte sie mich und dich zu Tode gebracht!« Weiter sagte er: »Gut, und was sollen wir jetzt mit diesem Sohn des Div anfangen?« – »Lieber Vater«, erwiderte der Prinz, »er hat für mich seine eigenen Eltern getötet. So will ich mich, solange ich lebe, von ihm nicht trennen.«

»Jetzt, wo du wieder da bist«, sagte der König, »möchte ich dich auch verheiraten.« – »Gut«, meinte der Prinz, »aber wenn du für mich eine Braut findest, dann mußt du auch für Hormoz eine Braut besorgen, damit wir beide in derselben Nacht heiraten können.« – »Er ist doch erst zehn Jahre alt«, entgegnete der König, »er ist doch noch ein Kind!« – »Schau dir doch einmal seine Gestalt an«, erwiderte der Prinz, »er hat mich auf dem ganzen Weg auf seinen Schultern getragen bis hierher!« Da rief der König den Wesir zu seiner Rechten und sprach zu ihm: »Ich habe gehört, daß du zwei hübsche Töchter besitzt. Die eine von ihnen gebe ich dem Hormoz zur Frau, die andere meinem Sohn. Hormoz aber ist für mich wie ein Sohn geworden. Zwischen ihnen ist kein Unterschied mehr, denn er hat schließlich meinen eigenen Sohn gerettet!« Notgedrungen erklärte der Wesir sein Einverständnis. So feierte man sieben Tage und Nächte lang in der ganzen Stadt und gab schließlich diese beiden Mädchen mit ihren beiden Männern zusammen.

Oben, da war das Mehl, und der Teig, der war unten – so hat die Geschichte ein Ende gefunden.

Wer ist der größte Dummkopf?

In alter Zeit gingen einmal die Bauern eines Dorfes in ein anderes Dorf, um dort eine Hochzeit zu feiern. Ja, ein Mädchen wurde mit seinem Bräutigam verheiratet, und man brachte die Braut zu ihm nach Hause. Eines Tages nun, als ihre Schwiegermutter nicht zu Hause war, zog sich die Braut aus und wusch sich. Dann zog sie ihre Kleidung wieder an. Nun war in einer Ecke des Hofes ein Kalb angebunden, und als das Kalb die Braut nackt sah, begann es zu blöken. Die arme Braut dachte, das Kalb wolle damit sagen, es werde dies der Schwiegermutter erzählen, wenn sie wiederkomme. Da zog sie ihr Hemd aus und warf es dem Kalb zu. Das Kalb aber blökte noch einmal. Da warf sie ihm ihr Kopftuch zu mit den Worten: »Komm, nimm dieses auch noch; aber – bei meiner Seele – erzähle nichts davon weiter!« Dann zog sie ihre Unterhosen aus und warf sie auf das Kalb. Von der ganzen Kleidung wurde der Kopf des Kalbes schwer, so daß es immer lauter blökte. Da ging die dumme Frau ins Haus und holte ihre Kleider, die sie in einer Kiste aufbewahrte und schüttete sie alle über das Kalb aus, wobei sie rief: »Auch das soll alles dir gehören, aber erzähl bloß nichts davon meinem lieben Mann!«

In diesem Moment kam die Schwiegermutter hinzu und fragte: »Warum hast du denn das getan? Was soll denn das? Warum bist du denn ganz nackt?« Die junge Frau begann zu weinen, die Schwiegermutter aber nahm einen Stock und rief: »Jetzt sag mir sofort die Wahrheit! Tust du es nicht, dann schlage ich dich tot! Warum hast du dich ausgezogen, und warum hast du deine Kleider über das Kalb geworfen?« Als nun das Mädchen notgedrungen die Wahrheit gestand, ergriff die Schwiegermutter wieder den Stock und verprügelte sie, wobei sie rief: »Warum hast du dich auch vor dem Kalb ausgezogen, daß du Angst haben mußtest, es würde davon erzählen? Was hast du auch nackt vor dem Kalb gestanden? Es war schlecht von dir, etwas zu tun, was es nicht erzählen soll.«

In diesem Moment kam der Mann hinzu. Er sah, daß die Frau derartig verprügelt worden war, daß ihr ganzer Körper blaue Flecken hatte, und sie war auch ganz ohne Kleider und nackt. Da trat er hinzu und fragte: »Was ist denn los mit dir, und wer hat dich so verprügelt?« Die Frau antwortete: »Das ist alles deine Schuld. Hättest du das gestern nacht nicht mit mir getan, dann hätte ich mich nicht auszuziehen brauchen, um mich im Wasserbecken zu waschen!« Der Mann antwortete: »Das ist doch nicht weiter schlimm gewesen. Aber so, wie du bist, können wir nicht weiter zusammenleben und in dieser Stadt bleiben.« Bei sich dachte er: »Wenn dieses Mädchen jetzt zurück zu seinen Eltern geht und ihnen all die blauen Flecken zeigt, was soll ich dann als Antwort sagen? Sie ist einfach dumm. Wenn sie nicht völlig dumm wäre, warum hätte sie sonst ihre Kleider über das Kalb ausschütten sollen, um es zum Schweigen zu bringen. Und zweitens ist meine eigene Mutter noch viel dümmer, daß sie meine Frau einfach so verprügelt hat. Jetzt wird mir meine Frau jedesmal, wenn ich mit ihr sprechen will, sagen, daß meine eigene Mutter sie verprügelt hat. Es ist wohl das Beste, ich gehe weg von hier!«

So ging er also fort. Am Abend kam er in die Nähe eines Dorfes, da sah er eine Frau mit einer Kerze in der einen und einem Stück Holz in der anderen Hand. Er fragte sie: »Mädchen, wie heißt denn dieses Dorf?« – »Hosseinabad«, antwortete sie. »Gut«, entgegnete er, »und wohin gehst du gerade?« Das Mädchen erwiderte: »Ich gehe dort oben hin zum Haus des Nachbarn, um von dort Feuer zu

holen.« – »Und wozu brauchst du das Feuer?« – »Ich will dieses Stück Holz daran entzünden, um Feuer damit anzufachen.« Da sagte der Mann: »Wenn du mir das Holz gibst, werde ich dir den Weg abkürzen!« Er nahm das Holz, griff mit der anderen Hand nach der Kerze und entzündete das Holz an der Flamme. Dann gab er es ihr zurück mit den Worten: »Da nimm und geh nach Hause!« Das Mädchen rief aus: »Du kannst ja Wunder vollbringen! Komm mit zu uns nach Hause!« Ganz freudig erregt brachte sie den Mann nach Hause und stellte ihn ihren Eltern vor: »Kommt einmal her und schaut. Dieser hier hat mir den Weg abgekürzt, indem er das Holz entzündet und es mir wiedergegeben hat.« Die Eltern nahmen ihn sehr freundlich auf und waren glücklich, daß ein so bedeutender Mann, der so großartige Taten vollbringen kann, in ihr Dorf gekommen war. Der Mann aber dachte bei sich: »Wirklich, die Frau hier, die mit einer Kerze in der einen und dem Feuerholz in der anderen Hand Feuer holen geht, ist ja noch dümmer als meine eigene Frau und meine Mutter daheim in meinem Dorf!«
So blieb er die Nacht in diesem Dorf. Am nächsten Morgen aber ging er wieder fort von dort. Er wanderte bis zum Nachmittag. Am Nachmittag wurde er hungrig und durstig. Er kam zu einem Haus am Anfang eines Dorfes. Dort klopfte er an die Tür, und als die Hausfrau hinter der Tür fragte, wer er sei, antwortete er: »Gute Frau, ich bin ein Fremder! Gebt mir erst ein Schlückchen Wasser zu trinken, dann werde ich es Euch sagen!« Die Frau ging ins Haus, füllte einen Krug voll Wasser und brachte ihn ihm. Als er aber den Krug ergriff, um daraus zu trinken, sah er, daß der Krug ganz dreckig vor lauter Essensresten war. So fragte er: »Warum sieht denn euer Krug so dreckig aus? Wascht ihr ihn denn nicht ab?« – »Waschen? Was ist das?«

fragte die Frau. »Wir machen das mit unseren Krügen immer so. Wir lassen die angebratenen Essensreste darin, bis er ganz voll ist. Dann werfen wir ihn weg und nehmen einen neuen Krug.« – »Und wohin werft ihr eure Krüge?« fragte er. – »Dort hinten hin!« – »Gut! Dann gebt mir ein Stück Brot. Ich werde jetzt hingehen und deinen Krug für dich wieder neu machen und ihn dir zurückbringen.« Er ging hinter das Dorf, da sah er einen Berg von Krügen und Töpfen, Näpfen und Schüsseln, die alle so voll waren, daß in ihnen kein Platz mehr war. Er ging ein wenig umher und fand einen kleinen Bach. Er nahm einen Armvoll von diesen Krügen und Töpfen und warf sie in den Bach. Dann stellte er sich unterhalb hin, damit das Wasser die Krüge nicht forttrage. Bis zum Abend hatte er alle diese Töpfe gewaschen und gesäubert. Dann nahm er sie auf und trug sie zu eben jenem Haus, bei dem er Wasser getrunken hatte, und mietete dort ein Zimmer.

So ging er jetzt jeden Tag, nahm einige von den Gefäßen, wusch sie in dem Bach und brachte sie dann zu jenem Zimmer, das er gemietet hatte, und stapelte sie dort. Dies tat er so lange, bis das Zimmer bis unter das Dach voll geworden war. Dann machte er es zu einem Lagerraum für Krüge und Töpfe und Schüsseln und mietete für sich selber ein anderes Zimmer. Jeden Tag wusch er mehr Gefäße und brachte sie alle in den Lagerraum. Dies war zwei Monate lang seine Arbeit. Eines Tages sah ihn einer von den Bauern des Dorfes bei seiner Arbeit, lief sogleich in das Dorf zurück und rief: »Ihr Leute! Kommt, der Topföffner ist angekommen!« Da versammelten sich die Leute des Dorfes um ihn und sagten zu ihm: »Komm, wir wollen dir Geld geben, damit du unsere Töpfe auch wieder öffnest!« So blieb der Mann also zwei weitere Monate in diesem Dorf. Nachts weichte er die Töpfe im Wasser ein, und am

nächsten Morgen wusch er sie dann. So erlangte er durch den Verkauf der sauberen Töpfe einigen Reichtum. Nach Ablauf von weiteren zwei Monaten, als er die Töpfe von allen Dorfbewohnern gewaschen hatte, mietete er sich eine Karawane von fünfzig, sechzig Maultieren und belud sie mit den Gefäßen, die er im Lagerraum angesammelt hatte. Dann sprach er bei sich: »Nun ist der Verdienst, den ich in diesen vier Monaten erworben habe, wirklich genug. Ich will wieder zurückgehen zu meiner dummen Frau und meiner dummen Mutter, denn es gibt ja genug in der Welt, die dümmer sind als sie!«
So kam er also zurück zu seinem Dorf. Als er seine Mutter wieder traf, fragte sie ihn: »Mein Sohn, wo bist du gewesen?« Er erwiderte: »Ich war ausgezogen, um einen Ort zu finden, an welchem die Menschen klüger wären als ihr. Aber wohin ich auch kam, fand ich viel dümmere! So bin ich also wieder zu euch zurückgekommen, denn ich habe eingesehen, daß ihr verständig und vernünftig seid.« – »Und woher hast du alle diese Töpfe«, fragte die Mutter, »bist du etwa im Laden eines Kupferschmiedes gewesen?« – »Nein, Mütterchen«, erwiderte er. »Ich war im Lande der Dummköpfe. Dort lag soviel von diesen Töpfen auf den Feldern herum, daß man es nicht hätte zählen können. Ich habe dort vier Monate gearbeitet: zwei Monate für die Leute und zwei Monate für mich selbst.« – »Und wenn das so war«, fragte die Mutter weiter, »warum bist du denn dann so schnell wieder zurückgekommen?« Hierauf antwortete er: »Bei Gott, die Leute des Dorfes waren so große Dummköpfe, daß ich richtig Heimweh nach meinen eigenen Dummköpfen hatte!«

Die Brüder »Recht« und »Unrecht«

Einer war, einer war nicht. Außer Gott war niemand. Zu Zeiten des Schah Abbas lebte einmal ein Kaufmann, dessen Nachbar war ein Dieb und Räuber. So sehr dieser auch versuchte, in das Haus des Kaufmanns einzudringen, er vermochte es doch nicht. Denn der Kaufmann hatte einen Wachhund, den er tagsüber in einer Hütte hielt, der aber nachts das Haus so gut bewachte, daß noch nicht einmal ein Spatz ungestört im Hof herumfliegen durfte.

Der Kaufmann nun ging einmal auf Reisen. Sogleich kaufte der Dieb sich ein Pferd und machte sich einen Tag später ebenfalls auf den Weg. Station um Station verfolgte er ihn, bis sie zu einem verfallenen Gasthaus gelangten. Als der Kaufmann sich nachts dort niederließ, gesellte sich der Räuber zu ihm. Kaum sah der Kaufmann ihn, da dachte er bei sich: »Möge Gott mich vor diesem Verbrecher beschützen!« Laut sprach er ihn an: »Wohin geht Euer Weg?« Der Räuber entgegnete: »Meine Familie lebt in Ahwaz. Dort ist eine Hochzeit, zu der man mich eingeladen hat. Und Ihr – wohin wollt Ihr reisen?« – »Ich komme aus Shiraz«, sagte der Kaufmann, »und bin auf dem Weg nach Kerman, um dort Handel zu treiben.« – »Sehr gut«, erwiderte der Räuber, »dann können wir ja zusammen reisen.« – »Ich habe Gepäck«, wandte der Kaufmann ein, »und Lastkamele. Ihr aber seid allein und wollt doch sicher nicht mit einem Lastzug unterwegs sein.« Der Räuber aber entgegnete: »Mein Herr! Das Pferd ist mein eigener Besitz. Ich treibe das Tier nicht zu sehr an und reite nicht in Eile.« Also stimmte der Kaufmann notgedrungen zu.

Nachdem sie am Abend zusammen gegessen hatten, stand

der Räuber mitten in der Nacht auf, zog sein Messer und setzte es dem Kaufmann auf die Brust. Als der Kaufmann die Augen öffnete, sah er, daß es der Räuber war, und sagte: »Gleich am Nachmittag, als ich dich zum ersten Mal sah, wußte ich, was du willst. Nun aber töte mich nicht, mein Besitz soll dir so gehören!« – »Das ist unmöglich«, entgegnete der Räuber. »Sonst wirst du später zu Schah Abbas nach Esfahan gehen und dich dort beschweren. Dieser wird dann alles Gut wieder von mir nehmen und es dir zurückgeben, so daß mir nichts bleiben wird.« – »Bei meinem Wort!« rief der Kaufmann. »Ich schwöre, daß ich nichts dergleichen zu Schah Abbas sagen werde und mich auch auf keine andere Art als wortbrüchig erweisen werde. Ich werde einfach behaupten, ich sei mit dem Schiff gereist und all mein Gut sei untergegangen. Du aber erbarme dich und mache meine Kinder nicht zu Waisen!« – »Nein«, sagte der Räuber. »Es gibt keine andere Möglichkeit: Ich muß dich töten.« – »Wenn dem nun so ist, daß du mich unbedingt töten mußt«, bat der Kaufmann, »so laß mich dir mein Vermächtnis mitteilen.« – »Sicher«, erwiderte der Räuber. »Daran soll dich nichts hindern. Was auch immer dein letzter Wille sei, ich werde ihn ausführen.« Also sprach der Kaufmann: »Wenn du nach Esfahan kommst, bemühe dich wie auch immer zu meiner Frau zu gelangen. Sage ihr, daß sie nicht auf mich warten soll, und daß sie die Namen unserer zwei Söhne ändern soll in ›Recht‹ und ›Unrecht‹.« Der Räuber erklärte sich hiermit einverstanden, dann schnitt er ihm den Kopf von einem Ohr zum anderen ab. Die Leiche zerstückelte er und vergrub sie. Dann weckte er die Lastträger: »Steht auf und beladet die Tiere!« Als sie fragten, wo denn der Kaufmann sei, gab er ihnen zur Antwort: »Er ist schon vorgeritten. Wir folgen ihm, bis wir ihn einholen.« So nahm der Räuber das ganze

Handelsgut in Besitz und trieb damit sein Geschäft, bis er nach Esfahan gelangte. Dort verbrachte er zuerst drei Tage damit, alle Verwandten und Bekannten aufzusuchen. Nach drei Tagen begab er sich zum Haus des Kaufmannes. Auf sein Klopfen kam die Witwe des Kaufmannes an die Tür, sah, daß er es war und fragte ihn, was er denn wolle. »Ich war verreist nach Ahwaz«, erzählte der Räuber, »wo ich eine Hochzeit besuchte. Auf dem Rückweg traf ich Euren Mann. Er war sehr krank und es ging ihm so schlecht, daß er nicht mehr glaubte, sich wieder zu erholen. Also bat er mich, sein Vermächtnis an Euch weiterzugeben.« – »Und was für ein Vermächtnis ist das?« fragte die Frau. »Er trug mir auf, daß Ihr die Namen Eurer Söhne ändern solltet in ›Recht‹ und ›Unrecht‹.« – »War mein Mann denn sehr krank?« fragte die Frau noch einmal. – »Ja«, erwiderte der Räuber. »Und ich glaube nicht, daß er sich wieder erholt hat.« Also fand sich die Frau notgedrungen damit ab, daß ihr Mann nicht mehr da war, und getreu dem Vermächtnis änderte sie die Namen der Söhne. In jener Zeit hatte Schah Abbas die Angewohnheit, einmal in der Woche durch die Gassen und Winkel der Stadt zu spazieren. Eines Tages ging er gerade am Haus der Frau vorbei, als diese vom Dach ihre Kinder rief: »Recht! Unrecht! Kommt her!« Er blieb stehen, schaute, wer da nach Recht und Unrecht riefe, und sah die Frau, die vom Dach aus rief. Da ließ er sie vor sich bringen und fragte sie, warum sie so nach Recht und Unrecht rufe. Die arme Frau erwiderte: »Zu Diensten, Majestät! Es ist wirklich nichts Besonderes. Ich habe nur nach meinen Kindern gerufen.« – »Sind denn die richtigen Namen auf der Welt so rar geworden?« wunderte sich Schah Abbas. Die Frau aber erklärte ihm: »Zu Diensten, Majestät! Ursprünglich hießen meine Kinder nicht ›Recht‹ und ›Unrecht‹. Vielmehr wa-

ren ihre Namen Hasan und Husain.« Dann erzählte sie dem Schah Abbas die ganze Geschichte: »Mein Mann war verreist. Später kam dieser Räuber und erzählte mir, daß es ihm schlecht gegangen sei und daß er als Vermächtnis hinterlassen habe, die Kinder in ›Recht‹ und ›Unrecht‹ umzubenennen.«
Da ließ Schah Abbas sich sogleich einen Stuhl bringen und befahl, den Reisegefährten des Mannes zu holen. Als dieser vor ihn gebracht wurde und ihn begrüßt hatte, fuhr Schah Abbas ihn barsch an: »Jetzt gesteh sofort, wo du den Vater dieser Kinder getötet hast und wo du ihn getroffen hast!« Zuerst versuchte der Räuber sich noch herauszureden: »Zu Diensten, Majestät! Ich habe ihn doch nicht getötet. Ich war auf dem Rückweg von Ahwaz, und er war krank. Warum hätte ich ihn denn töten sollen?« – »Wenn du gleich die Wahrheit sprichst oder auch lügst, töten lassen werde ich dich auf jeden Fall«, rief Schah Abbas. »Also erzähle uns die Wahrheit!« – »Da ich ja doch hingerichtet werde«, meinte nun der Räuber, »ob ich die Wahrheit erzähle oder nicht, so kann ich ja auch erzählen, wie es wirklich war.« Und so berichtete er vollständig, wie er den Kaufmann ermordet hatte. Da ließ Schah Abbas sogleich den Scharfrichter rufen, der in Anwesenheit der Waisen und der Witwe des Kaufmannes den Kopf vom Körper des Räubers schlug.

Wer muß dem Kälbchen Wasser geben?

Eine Frau und ihr Mann saßen einmal zusammen in ihrem Zimmer. Soviel die Frau auch redete, der Mann sagte kein Wort. So fragte sie ihn: »Warum sagst du denn nichts?« – »Du redest doch schon so viel«, erwiderte der Mann. Da wurde die Frau wütend und rief: »Gut! Dann soll jetzt derjenige von uns, der zuerst spricht, unser Kälbchen zum Wassertrinken bringen!« – »Einverstanden«, entgegnete der Mann.

Als die Frau sich wieder setzte, merkte sie bald, daß sie jetzt nichts mehr sagen konnte, denn der Mann sprach kein Wort. Sie wurde ungeduldig, stand auf und ging zum Haus ihrer Nachbarin. Da betrat ein Dieb das Haus. Er sah, daß dort jemand saß, und begrüßte ihn. Der Mann aber gab keinerlei Antwort, sondern schaute einfach nur. So nahm der Dieb seinen Mantel und breitete ihn auf dem Boden aus. Dann tat er alles darauf, was er an Kleidern und Wertgegenständen fand, band den Mantel zusammen und hob ihn auf die Schulter. Als er nach draußen gehen wollte und sah, daß der Mann immer noch nichts sagte, legte er sein Bündel noch einmal nieder. Dann zog er ein Barbiermesser und rasierte dem Mann Bart und Schnurrbart ab. Hierauf schminkte er ihn und zog ihm Frauenkleider an. Dann hob er sein Bündel wieder auf und verließ das Haus. Als die Frau wieder nach Hause kam, sah sie, daß alles mögliche im Zimmer fehlte. Und wie sie merkte, daß der Mann geschminkt war und keinen Bart mehr hatte, da rief sie: »Welch eine Schande! Wer hat denn das mit dir gemacht! Und wo sind denn unsere ganzen Sachen?« Da klatschte der Mann in die Hände und rief: »Jetzt mußt du dem Kälbchen Wasser geben!« – »Gut, ich werde dem Kälbchen ja Wasser geben«, entgegnete die Frau. »Aber sag mir doch wenigstens, wer das mit dir gemacht hat. Warum hast du Dummer das denn zugelassen, daß man so etwas mit dir macht und alle unsere Sachen wegschleppt?« Aber der Mann erwiderte nur: »Hätte ich etwas gesagt, dann hätte ich ja dem Kälbchen Wasser geben müssen!«

Der Liebhaber als Schwester

Es war einmal eine Frau, die einen sehr eifersüchtigen Ehemann hatte. Diese Frau hatte einen Liebhaber. Nun sandte ihr der Liebhaber einmal eine Nachricht: »Man läßt dich doch nicht aus dem Haus, aber ich habe so große Sehnsucht nach dir! Kannst du nicht einen Plan aushecken, damit ich dich sehen kann?« – »Komm morgen abend hierher«, gab sie ihm zur Antwort, »dann werde ich dir zeigen, wie es geht.« Als der Liebhaber kam, nahm ihn die Frau mit ins Haus. Dort zog sie ihm Frauenkleider an und legte einen Schleier über seinen Kopf, mit dem sie das Gesicht bedeckte. Als ihr Mann nach Hause kam, fragte er: »Wer ist denn hier?« – »Meine Schwester«, antwortete sie. – »Sehr schön«, sagte er. »Herzlich willkommen! Schön, daß Ihr gekommen seid!«

Als es Schlafenszeit wurde, sprach er zu seiner Frau: »Du mußt deine Schwester nicht alleine schlafen lassen. Geh und schlafe mit ihr zusammen!« So ging die Frau und schlief dort. Am Morgen verließ der Mann schon früh das Haus. Der verkleidete Liebhaber zog die Frauenkleider aus und legte seine eigene Kleidung wieder an, um zu gehen. Zufällig nun hatte der Mann seine Tasche vergessen und kam, um sie abzuholen. Und gerade hinter der Tür stießen die beiden aufeinander. Da ergriff die Frau sogleich einen Koran und lief zu ihrem Mann. »Du kannst doch bei diesem Koran schwören«, rief sie, »daß heute Nacht meine Schwester hier war?« – »Sicherlich«, entgegnete der Mann. Da wandte sie sich zu ihrem Liebhaber und sagte: »Siehst du, deine Frau war heute nacht hier!« Und ihr Mann fügte hinzu: »Sei ganz unbesorgt! Deine Frau war heute nacht hier in unserem Haus bei ihrer Schwester!«

So Gott will!

Es war einmal ein Schneider, nach dem hatte der König schicken lassen. Er gab ihm eine Lage Stoff, um ihm einen Anzug davon zu nähen. Drei Tage lang arbeitete der Schneider daran. Nach drei Tagen und drei Nächten kam er abends nach Hause und sagte zu seiner Frau: »Frau, was haben wir denn zum Abendessen?« – »So Gott will«, antwortete die Frau, »gibt es ein wenig Linsen mit Reis.« – »Wenn das Essen gekocht ist, braucht man doch nicht ›So Gott will‹ zu sagen«, erwiderte der Mann.
Die Frau stand auf und holte das Essen, und beide ließen sich am Tisch nieder. Aber in dem Moment, als der Schneider gerade seine Hand ausgestreckt hatte und einen Bissen aufgenommen hatte, um ihn in den Mund zu stekken, da klopfte es an der Tür. Der Mann rief: »Wer ist da?« – »Öffnet!« rief es zurück. Wie er die Tür öffnete, stand da ein Beamter des Königs, der packte ihn und schrie: »Du Verfluchter! Du hast also einen Anzug für den König genäht und eine Nadel darin gelassen, damit er sich daran steche!« So brachte man ihn vor den König, der befahl, ihn einzusperren. Vierzig Tage lang war er im Gefängnis, und erst nach vierzig Tagen baten die Berater des Königs, ihn doch freizulassen. So wurde er entlassen und kam abends wieder nach Hause.
Als er vor der Tür stand, klopfte er an. Und wie seine Frau rief: »Wer ist denn da?« antwortete er: »Ich bin es, so Gott will! Der König hat mich freigelassen, so Gott will! Öffne die Tür, damit ich hereinkomme, so Gott will!« Da entgegnete die Frau: »Siehst du nun, Mann! Hättest du das eine Mal ›So Gott will‹ gesagt, dann bräuchtest du es jetzt nicht so häufig zu sagen, und dann hättest du nicht so leiden müssen!«

Anmerkungen

Zu den Illustrationen: Sie sind sämtlich einer Reihe von persischen Volksbüchern entnommen, herausgegeben vom Teheraner Verlag Ali Akbar Elmi. In Druck und Aufmachung schlicht gehalten – wir würden es wohl »Groschenhefte« nennen – enthalten diese Büchlein echte Volksliteratur: Abenteuergeschichten von Jünglingen auf der Suche nach ihren Geliebten, schönen Frauen, starken Helden und gewaltigen Schlachten, in denen – natürlich – der Gute siegt. Die den Drucken beigefügten naiven Bilder, Holzschnitte oder Federzeichnungen, illustrierten ursprünglich wohl einzelne Szenen. Mittlerweile aber wird aus dem immer gleichen Fundus von Illustrationen in wechselnder Reihenfolge jedem Bändchen etwas beigegeben, so daß die hier enthaltenen Bilder in gewisser Weise als Illustration des persischen Volksbuches überhaupt gelten können.

Das Frontispiz ist leicht verändert entnommen aus: Narāqī, Anīs al-muwaḥḥidīn. Iran 1271 q/1853. Freundlicherweise zur Verfügung gestellt von der Schia-Bibliothek am Orientalischen Seminar der Universität zu Köln (Sign. 2 B 601).

Das Umschlagbild stammt aus:
[Ḍiyā'addīn Naḫšabī, Ṭūṭī-Nāme] Ṭūṭī-Nāma (Tales of a Parrot – Das Papageienbuch). Vollständige farbige Faksimile-Edition der Handschrift des Cleveland Museum of Art, Graz: Akademische Druck- und Verlagsanstalt, 1976. (Codices Selecti Vol. LV), fol. 71 v. Reproduktion mit freundlicher Genehmigung des Verlages.

Abschließend seien dem interessierten Leser und Komparatisten einige knappe Hinweise zu Quellen und Sekundärliteratur gegeben, ohne das Buch mit wissenschaftlichem Ballast überfrachten zu wollen. Angeführt werden ausschließlich der Quellennachweis sowie der Verweis auf die relevanten Handbücher, deren Apparat Weiterführendes zu entnehmen ist.

Als Abkürzungen dienen:

Elwell-Sutton, Nr. = Handschriftliche Aufzeichnungen der Märchen der Maschdi Galin Chanom, angefertigt und im Besitz von Professor L. P. Elwell-Sutton, Edinburgh.

AaTh = Aarne, Antti: The Types of the Folktale. A Classification and Bibliography. Translated and Enlarged by Stith Thompson. 2nd Revision. Helsinki 1961, 3. Aufl. 1973 (FFC 184).

Pers. = Marzolph, Ulrich: Typologie des persischen Volksmärchens. Beirut 1984 (BTS 31).

1. Elwell-Sutton Nr. 96. Aath, Pers. 2031. Vgl. auch A. Schimmel: Die Orientalische Katze. Köln 1983, S. 63–65, dort AaTh 2031 C.
2. Elwell-Sutton Nr. 28. AaTh 745 A, Pers. Beleg 1.
3. Elwell-Sutton Nr. 14. AaTh 934 B und 899, Pers. Beleg 1.
4. Elwell-Sutton Nr. 83. Pers. *1000.
5. Elwell-Sutton Nr. 110. Pers, *857 d: Schafe füttern (s. Anm.), b, a, und AaTh, Pers. 325.
6. Elwell-Sutton Nr. 106. Eberhard, W. u. P. N. Boratav: Typen türkischer Volksmärchen. Wiesbaden 1953. Typ 192, I 1–5, II 2, 6–17.
7. Elwell-Sutton Nr. 12. AaTh 459, Pers. Beleg 1.
8. Elwell-Sutton Nr. 82. AaTh, Pers. 301.
9. Elwell-Sutton Nr. 17. AaTh 1535, Pers. Beleg 3.
10. Elwell-Sutton Nr. 8. AaTh 507 C, Pers. Beleg 6–7. Eine freie Übertragung des Textes gibt Elwell-Sutton, L. P.: Mashdi Galeen Khanom: The Wonderful Sea-Horse and Other Persian Tales. London 1950, S. 68 ff. In diesem Band sind, vom Sammler selbst übertragen und inhaltlich sowie sprachlich stark redigiert, sechs Texte anhand von elf Originalerzählungen (Elwell-Sutton Nr. 1–11) zusammengestellt.
11. Elwell-Sutton Nr. 50. AaTh, Pers. 976 und 976 A.
12. Elwell-Sutton Nr. 15. Pers. *1663, 1 und Pers., AaTh 1533.
13. Elwell-Sutton Nr. 92. AaTh, Pers. 910 D und Mot. H 1558 (s. Thompson, St.: Motif-Index of Folk Literature. Kopenhagen ²1955–1958).
14. Elwell-Sutton Nr. 20. AaTh 480, Pers. Beleg 8 und Pers. *510 A, 2.
15. Elwell-Sutton Nr. 84. Pers. *590.
16. Elwell-Sutton Nr. 29. AaTh 1211, Pers. Beleg 6 und 1384, Pers. Beleg 7 und Pers. *1330, 1 und Pers. *1338 B*, 4.
17. Elwell-Sutton Nr. 102. AaTh 960, Pers. 1645 A II–IV, Anhang S. 264, k.
18. Elwell-Sutton Nr. 32. AaTh 1351. Pers. Beleg 1.
19. Elwell-Sutton Nr. 48. Pers. *1379, 1.
20. Elwell-Sutton Nr. 99. Mot. (s. Nr. 13) N 385.1. Älteste Belege in der arab. Lit. des 9./10. Jhs. (Abi, Nathr ad-durr 2/226, ed. Kairo 1981).